新消费时代①

摸着日本过河

房家毅 著

人民东方出版传媒

东方出版社

目　录

PART 3

货

PART 4

消费品品牌

序

对中国来说，日本是一个既熟悉又陌生的国家。地理上的一海之隔，使得两国早年文化的互通成为可能，至少在宋代之前，日本都把中国当成其政治、宗教、文化和商业的老师。

然而近代日本在明治维新中快速崛起，并开始了疯狂的对外扩张。对俄国和对清政府战争的胜利，进一步膨胀了日本的扩张野心，发起二战。美国的参战以及太平洋战场的全面胜利，使得日本被美国军事占领，并被美国进行了彻底的清算与整顿，比如颁布日本民主宪法、重振经济等。相比明治维新，这一轮重塑更为彻底。朝鲜战争爆发后，在美国技术专家的深度扶持下，依靠战争的特需和融入世界经济体系带来的经济周期性红利，日本经济快速从战后恢复并以令人难以置信的速度快速发展。在遭遇20世纪90年代初的经济危机之前，日本已经成功完成了工业化的准备、起飞、成熟、大众消费时代、后大众消费时代的阶段跨越。

和日本相比，二战结束未久中国还处在艰难的社会主义道路的探索过程中。从战争状态过渡到和平生产状态，完全靠自己完成工业化积累相当困难。所以无论是早年依靠苏联的投资和技术扶持，还是20世纪70年代中期引入美国的帮助，到后面的改革开放，都对中国经济造成短期内的正面刺激效应。但随着国际关系的风云变幻，以及投资国对于本身投资利益的考量，中国不得不阶段性地靠自己主动创造经济发展增量，甚至以本国市场为交换，艰难探索属于自己的发展道路。因为城乡结构的纵深，很多经济危机的传导效应比较缓和，也都在乡村软着陆并消化掉。站在2020年时点，虽然我们看到中国的经济体量已快速超越日本并跃居第一梯队，但从经济结构和实际发展阶段上看，依然处于第二梯队。我们还有较长的一段路要走。

所以我们看到日本和中国曾经处于同一起跑线，也都属于后来居上型，但日本的发展速度比中国快很多。在二战前，日本还会对标欧洲列强如英、法、德，但二战后，日本基本只把美国作为高维市场和主要学习对象。日本很多工业化发展中后期，包括大众/后大众消费时代的产物都有着美国的影子，比如制造业、企业服务业、零售业等等。但对于中国来讲，发展中国家的定位便意味着世界上依然有众多高维市场和可以用来学习对标的对象，自然美国和日本便是重中之重了。

从近10年的发展来看，日本已经逐渐从"失去的20年中"摆脱出来，安倍经济学成效显著，人们开始重拾经济恢复的信心。然而和当时正处在移动互联网产业发展风口上的中国不同，日本虽然很早就已经开始了移动互联网相关的布局，且在基础设施的供给端已经具备深层次商业化的基础，但需求的疲软、高昂的人力成本、极度发达的传统商业，都使新技术难以通过纯本地应用进行自我迭代。因此，日本虽然在发展上是高度领先于中国的，但从实际双边的生活体验来讲，尤其是超一线城市如上海、东京，中国在某些方面却是超过日本的。

当然，对于商业的变迁来讲，技术只是驱动因素之一。人口结构、产业结构、宏观经济环境等方面的变化同样会发挥至关重要的作用。尤其当技术所带来的变革红利逐渐减弱时，上述因素在商业发展中的主导地位更会逐渐凸显。这些因素的线性变化衍生出了需求和供给的不同结构形态，在时间的长河里，它们在不同的领域里互相主导，并让结构形态间的排列组合一次次地从混乱走向稳定。因此，对于日本这样一个不存在明显城乡二元结构、社会阶层分化程度低的国家而言，那些除去技术以外的驱动因素变化非常迅速，比如和人口结构变化相关的老龄化，以及其衍生的其他趋势如少子化、单身化等。日本正在以一个不可逆的趋势加速演进，且速度已经超过了绝大部分世界发达国家。

因此，当我们去研究一个科技驱动不占绝对主导地位的行业时，比如消费行业，这是一个早期由产业、中后期由人驱动的行业，人的消费需求层次如何变化和每个人在不同年龄阶段所处的社会环境、经济周期、文明文化等紧密相连。尤其在当前周期下，技术对国内消费行业的红利释放效应已经逐渐减弱，以信息技术为例，这项由美国发起传入中国的技术，历经30余年的发展，已经接近完成其重塑商业基础设施的使命。这也使得基于这些新平台土壤生长出来的商业形态，比如电商、品牌消费、平台服务型业态等等纷纷进入了存量竞争时代，和社会的加速内卷遥相呼应。而类似趋势，在日本的其他业态中都曾轮番上演过。和"开荒时期"只顾野蛮汲取增量红利不同，想在存量竞争中获胜七分靠认知三分靠管理和执行力。而正因为日本在众多发展变量上和中国的高度匹配，使之成为我们寻找中国未来发展方向的主要研究标的之一，成为我们汲取认知和智慧的源泉。这也是我身边众多消费行业的创始人朋友，非常热衷于去日本寻找创业灵感的主要原因。

当然，作为一名消费行业的研究学者，研究日本并非最终目的。一方面，我非常认可它的研究价值，所以把这些价值挖掘出来，给出和中国现状及未来的嫁接方法，然后提供给广大的中国消费行业从业者所用，是我的目标之一；另一方面，总是听到很多从业者在讲"一直在学习日本，但总感觉没有学到精髓"，主要原因是此前的对日对标研究大多都过于专注"术"，从而忽略了"道"的重要性。和当下处处讲究"互联网思维"的中国企业不同，日本企业恰恰是一群以"道"立业的群体。所以如果没有先理解"道"而去分析"术"，往往会把自己学成"四不像"。此外，在研究视角上大部分人都习惯了自上而下的乙方视角，而我却更倾向于一种结合了自上而下和由下向上的企投视角。因为我相信后者的研究方式，在逻辑缜密性和对时间线连续性的把控上是远超前者的，是一种更适合存量竞争的研究方式，但它对于研究者心性上的修炼会提出更高的要求。

由于本书所要处理问题的复杂性，本书的叙述无法在任何单一学科语言下完成，必须在哲学、经济、地理、物理、数学、历史、人口、社会等各个学科领域的综合下，才能给出一个相对统一连贯的解释框架。所涉学科之庞杂难免会使笔者挂一漏万，唯望书中所触及的学科与话题领域的专家原谅笔者在专业领域的见识不足，在笔者所尝试构建的整体框架上给出更多指教。

在此，向所有在这个领域做出贡献的前辈们致敬！

房家毅

2021 年 6 月

PART 1

第1章
"人"，怎么看

　　之所以要把"人"放在第一部分写，是因为人是所有商业活动的发起者和参与者，是任何企业制定战略之初就要研究的对象。

　　研究人是一门很深的学问。作为一名消费研究学者，我研究人有两个前提，第一个前提是宽容态度。研究人不仅要针对很多消费行为现象进行解读分析，还要去理解行为背后的文明现象。这个世界并非四海之内皆兄弟，每个人都有着自己所认为的"真我"，有着除了普世价值观以外的众多"流派"观念①。既然个人如此，那么在一些民族众多、地域发展不平衡的国家，比如中国、美国等，国民的观念就更难被统一。因此唯有"宽容"才能洞察与我们完全相异的观念，收获真正有价值的成果。任何戴着有色眼镜去研究的人，都不是一个合格的"人"的研究者。

　　第二个前提，我认为人的思想观念和行为，即使是那些最孤立、最细微的，彼此之间也有某些系统性的联系。人自出生后便开始完成各种社会活动，比如经济、政治、家庭活动等等，其对某些情况的处理方式及评价方式

---

　　① 著名文化人类学家鲁思·本尼迪克特在《菊与刀》一书中提出：对民族差异化进行系统性研究，既要有某种坚定精神，也要有某种宽容态度。只有自己具有坚定不移的信仰，才会有不同寻常的宽容。

表示赞许，于是一些固定的生活方式就此确立，并且无论有多大困难，他们都不可能同时按照相反的价值体系来思考和行动，否则势必陷于混乱和不便。

在不同的人类社会中，人们的社会活动从性质上来讲不会有本质差异，虽然从时间进行上来看有着不同的顺序，但从运行规律上来讲却往往有着相似的底层逻辑。这意味着即使是两个不同的人类社会，社会活动对人的思想观念和行为的影响也存在着较强的相通性。因此，在不同的社会中去寻找这些系统性的联系便自然成为"人"的重点研究方向。

为什么要对标日本

那如何去研究"人"？一个有效的方法是对标，即通过研究发展进程更为超前的人类社会，把更多更为复杂的样本纳入系统模型中，得出一般性的结论，再应用到原研究标的中。

比如，我会通过对标在消费时钟上领先中国几个阶段的国家——日本，推演出"人"在外部经济、政治、科技、文化环境，以及产业端变化过程中的特征变化规律，得出一般性的结论，再用时间机器理论映射到中国的不同地区。也许读者可能有疑问，为什么不选择对标美国而是日本，原因有以下几点：

1. 文化认知和地域发展的统一性

二战结束后，日本步入了近 20 年的工业化腾飞时代，社会阶层差距逐渐缩小，城镇化加速，几个核心都市圈人口密度增大但总人口规模依然较小。和中国长期存在的城乡二元结构导致的弱景气波动传导效应不同，在日本即使是小的景气波动，也会在都市硬着陆，然后迅速传导并影响大经济体，所以"人"变化的步伐相对整齐，脉络容易厘清。相比之下，美国在文化认知和地域统一性上要比日本复杂很多。而统一性可以让我们看清现象背后的完整逻辑线，因此日本是一个更有效的研究样本。

2. 文明的共通性

自唐代起，日本深度学习中国，其社会的价值观念深受中国古代传统文化的影响，自中国传入日本的儒教、佛教和道教理念一直被贯彻在治国、治企、治家之中，比如日本经营之神稻盛和夫老先生开创的阿米巴经营模式就融入了日本禅宗和中国道家"无为而治"的思想等等①。文化上的共通使得很多尤其是观念性的前提都可以不证自明，这种共通性可以大幅降低研究的复杂度，提升结论的精准度。

3. 商业形态的相似性（影响商业环境变化的底层变量的强相似性）

相比地大物博的美国，日本和中国在商业形态上更为接近，拆解到组成这些商业形态的公式的各个变量上，相似性则更加显著。比如在人口密度上，中国一线城市的人口密度和日本的东京、大阪较为接近；在人口结构上，中国"90 后""00 后"的出生率相比"60 后""70 后"呈现断崖式下跌，目前社会 65 岁以上人口占比为 12% 左右，和日本 1990 年 12.1% 较为接近，未来年龄结构上中国也会越来越接近日本；等等②。

时间机器理论

时间机器理论是跨国对标研究中一个非常重要的方法论。这其实是孙正义所提出并坚持的投资逻辑。意思是：在某个发达经济体中发展较为成熟的商业模式，如果放到一个发展土壤比它晚一个阶段的经济体中，就会像乘坐时间机器一样回到几十年前，只需要把以前做的事情再来一遍③。对日本来说，它的近代商业比美国要落后 20 年左右，所以日本有很多商业模式是师承美国的，比如便利店行业的 7-ELEVEn、药妆店行业的松本清等。

---

① 稻盛和夫的经营哲学深受西乡隆盛的"敬天爱人"、大久保利通的"理性行动"、石田梅岩的"利他经营"等日本著名政治家和企业家思想的影响，而上述思想根源大部分来自中国的阳明心学、儒教、佛教等思想派别。

② 数据时点为 2019 年年末，数据来源于各国统计局。

③ 创立软银后，孙正义把"Time Machine Management"树立为软银的主要战略，并运用到技术相关的投资领域，他相信世界上技术的演化在不同国家存在着相似的逻辑路径，他认为美国、中国、印度这些国家的 IT 行业发展阶段不同，先在发达国家开展业务，等时机成熟杀回日本，再轮回到中国、印度，就像坐上"时间机器"一样。

中国的商业形态，除了小部分行业比如移动互联网之外，大部分行业比日本依然落后了 20—40 年[1]。因为改革开放前走了很多弯路，所以中国基本是在日本已经步入差异化消费升级时代之后才开始发力自己的社会基础设施建设，这也直接影响了众多行业的发展。既然都是后来居上者，那么日本对于先进商业模式 & 理念的学以致用法同样值得中国学习。所以如果研究美国可以让我们看到可能性，那么研究日本则可以让我们知道如何将可能性变成现实。

在我写这本书之前，已经有很多人在研究消费社会中的"人"方面取得了重大成就。比如大前研一、三浦展，他们都是日本当代非常有名望的消费研究专家，在我去京东做投资之前，《第四消费时代》这本书已经成为日本家喻户晓的人类消费学研究著作。三浦展在书中把日本的消费社会发展分为四个阶段，分别是阶层分化带来的同质化、差异化、理性简约化和精神化。虽然此前已经有很多学者以类似的方式划分过日本的消费时代，且三浦展的分法也因为缺乏对货和场的细致研究而被批评有失妥当，但它依然在当时产生了较大的行业影响力。

所以当我开始写这本书时，决定尽可能地弥补这些疏漏。而且我也并不想沿袭前辈们的方法，因为我发现日本之所以能被粗略地划分为几个消费阶段，是因为它有一个非常重要的前提：整个社会的地域和阶层分化并没有那么折叠，所以能很容易抓住影响消费社会发展的关键性因素。但如果我们仅凭几个变量如 GDP、收入、人口结构的变化趋势，就想来回答"中国可以被划分成几个消费阶段"的问题是不可能的，因为中国的国土面积约是日本的 25 倍，人口数量约是日本的 14 倍，且文化更加多元，地域更加割裂，这往往会让很多看似细枝末节的事情变为影响社会发展的关键因素。因此，在拿日

---

① 数字来自比较两国不同行业出现及成熟的时点后计算差值，以便利店和折扣店行业为例，1992 年中国第一家便利店在深圳开业，日本为 1974 年，差值为 18 年；日本第一家成型的折扣店出现在 1989 年，而中国目前依然处于行业发展萌芽期。此外，两国在制造业，尤其是高端制造业上的差距更大。

本进行比较分析时，要明确地弄清不同情况下每一个因素对结果产生作用的线索，并把它映射到中国内部的各个独特的样本中得出结论。

对于宏观环境的分析，我会着重放在"人"的部分，因为相比场和货，它对"人"的直接影响作用更全面。而且不同国家的景气发生变化时，通常都是由社会大系统即宏观环境里的各个客观因素发起的，比如政策的制定、科学技术的发明、汇率的调控等，再传递给人、场、货，而人、场、货之间发生了相应的化学反应后，会反馈给社会大系统做下一步的调整，如此周而复始。

康波周期理论

众所周知，任何一种事物的趋势性变化都是在上升、繁荣、衰落、萧条这几个阶段中周期性地循环，经济亦如此。对于宏观环境的研究便是对于经济周期运作机理的研究。在经济学中，周期理论也分为诸多流派，纷繁复杂，有5000年的文明周期、500年的大创新周期、250年的革命周期、60年的康德拉季耶夫周期、18年的房地产周期、10年的资本支出周期，也有40个月的存货周期，以及政治周期、天气周期、太阳黑子周期等。其中，和资本市场相关的代表性周期理论还有熊彼特先生的三嵌套周期理论，包括它的改进版周金涛先生的四嵌套周期理论。在本书的宏观分析部分，我们会主要以康波周期理论框架为根基，探索日本近百年来经济周期的变化，以及这些变化给人、场、货带来的影响。

康波的形成，是人的集体行为的结果，而这种集体行为取决于人的代际更迭。美国的伊斯伯尔丁曾如此解释康波：

● 每个康波是指一个相当长时期的总的价格的上升或总的价格的下降，而价格的长期波动不是自己产生的，康德拉季耶夫认为这是资本主义体系本质的结果。

● 每个康波又嵌套着几个基钦周期（存货周期，5年左右）、朱格拉周期（设备投资周期，10年左右）、库兹涅茨周期（房地产周期，18—25年）。

先介绍一下这几个嵌套周期的由来。

基钦周期： 即存货周期，又称"短波理论"。1923 年美国的约瑟夫·基钦基于商品生产过多时就会形成存货、减少生产的现象，在《经济因素中的周期与倾向》一书中把这种 2—4 年的短期调整称为"存货"周期。

基钦周期是一种以库存变动为主要观察指标来评价经济周期的方法。按一般经济波动特征，经济繁荣时消费投资旺盛、库存减少；经济衰退时消费投资疲软、库存积压。这是一种典型的以工业经济为主的产业结构下观察经济波动的方式。虽然这一周期现象在现代服务业为主的经济结构下已不典型，但对处于工业化进程中的国家依然具有比较重要的意义。

朱格拉周期： 1862 年由法国医生、经济学家克里门特·朱格拉（C. Juglar）在《论法国、英国和美国的商业危机以及发生周期》一书中首次提出。朱格拉把设备投资占 GDP 的比重作为主要观察指标，指出市场经济存在着 9—10 年的周期波动。这种中等长度的经济周期一般被后人称为"朱格拉周期"。这个结论除了可以从统计数据中得出外，也可以由大部分企业的运作情况中找到：企业根据市场反馈对生产设备进行迭代更换，一件中小型生产设备从最初被生产到最终完全失去生产能力的时间一般为 15—20 年，但考虑到效益问题，企业的设备更换周期一般要比最大可使用年限短，为 12—15 年，而企业计算折旧与摊销的年限通常会比设备更换周期更短，为 9—10 年。所以我们会看到设备投资的热度也存在着 9—10 年的朱格拉周期波动。

库兹涅茨周期： 1930 年由美国经济学家西蒙·库兹涅茨在《生产和价格的长期运动》一书中提出。库兹涅茨根据对比 19 世纪初叶到 20 世纪初期美国、英国、法国、德国、比利时等国 60 种工农业主要产品的生产量和 35 种工农业主要产品的价格变动的时间数列资料，剔除其间短周期和中周期的变动，着重分析了有关数列的长期消长过程，提出了在主要资本主义国家存在平均长度为 20 年左右的"长波"或"长期消长"的论点。这种波动在美国的许多经济活动尤其是建筑业中表现得特别明显，所以也被称为"建筑周期"

或"房地产周期"。

此外，经济学家霍伊特、哈里森亦在自己的著作中针对美国和英国的经济和房地产史进行研究，也得到了 18 年左右的房地产周期。他们使用的是名义土地价格。在康波周期理论的中国开创者周金涛先生的研究中，他通过选取英国、美国、日本、法国、中国内地、澳大利亚、加拿大、新加坡、中国香港、巴西等国家和地区的实际房价，也得到了 1890 年以来的房地产周期平均时长为 25—30 年的结论，且房地产周期确实也在跟着康波周期运行，在一个 60 年的康波中，房地产周期主要存在两个波动，这两个波动分为一大一小，即强周期和弱周期，这也符合房地产周期的真实周期特征。如何去理解 20 年左右的周期长度？从人口学的角度来看，在工业化社会里，房产在人的一生中大致会被消费两次：第一次置办房产为刚性需求，如结婚生子，年龄在 25—30 岁；第二次是二次置业，为改善性需求，年龄在 40—45 岁，一个人的消费高峰也基本出现在这个时候。两次置业周期间隔 20 年左右，对应着房地产波动周期的长度。除了收入波动外，人口结构的变化亦会对房地产周期开启、结束的提早、延后产生较大影响，比如 20 世纪 80 年代初日本房地产周期的上升，就和二战后第一次婴儿潮出生的团块世代的刚性住房需求的到来有直接关联。

提出周期三嵌套理论的熊彼特认为，尽管三种周期划分标准不一，但是并没有出现不可调和的矛盾。在每个经济体的运行中都可能存在长、中、短周期，即三周期。每个长波周期里套有中周期，每个中周期里套有短周期。

一般地，如果几个周期力量在同一时间出现相同或相似的方向，那经济周期的运行方向是明确的。但是如果长期、中期和短期的不同经济力量是处在不同起伏阶段的，那就要观测哪个力量是主导型的。如果三个周期力量呈现一致的方向，那经济运行将被强化；如果三个周期力量方向不一致，那经济运行将陷入一种混乱的状态，其走势最后将取决于其中的主导型力量。

为了能让大家直观地理解，请尝试把这四个周期的波动函数都放在同一个坐标轴里，并将其想象为四个波长不同的三角函数。我们知道三角函数的变化是从波峰到波谷再到波峰不断循环的，那其中必然会有波峰产生重叠或者波谷产生重叠的情况，其中波峰重叠就意味着周期的上升或繁荣期遇上重叠，可以理解为当下的经济景气程度较好；相反，如果波谷重叠则意味着周期的萧条或衰退期遇上重叠，可以理解为当下的经济景气程度较差。这么做虽然有失严谨但可以帮助各位从定性的角度，从宏观到中观层面判断出不同时点的经济景气情况。

人口结构是研究"人"的最佳切入维度

相比于其他宏观指标，人口结构可以 MECE（不重不漏）地把人按照年龄区间进行划分，具有很强的通用性①。认知人口的年龄结构对消费的影响对于消费研究来说至关重要，因为需要穿越时间去把所有年龄阶段的人纳入样本中，因此我们很难找到比人口结构更为全面、和人的关联度更高的切入点。

不同年龄段的人群出生于经济周期的不同阶段，他们会在自身成长的不同时期分别经历经济的景气或灾难性时刻，从而对后续消费观的发展产生重大影响，这在康波中也是有所体现的。长波因人们提前做计划的时间和他们对过去经济灾难记忆的时间长度而加深，而这两个方面又在很大程度上取决于人的寿命长度，以及人在不同阶段在社会中扮演的角色。除了人口结构外，我们也会在分析中纳入 GDP、人均收入、阶层分化等其他变量。从变量关系上来看，它们和人口结构并非完全并列关系，但是可以在基于人口结构的分析中被包含进来。变量的维度是无穷尽的，想要在分析中追求面面俱到也是不可能的。但为了追求结论的严谨性，我们会尽可能地用多个不同维度的变量对逻辑线和结论进行验证。

① Mutually Exclusive and Collectively Exhaustive，即"不重不漏"，是把一些事物分成互斥的类别，并且不遗漏其中任何一个的分类方法。该原则于 20 世纪 60 年代末由麦肯锡公司提出，以辅助说明"金字塔原理"，但这种思想的起源最早可以追溯到亚里士多德。

第 2 章

日本消费社会中的"人"之图景

消费社会之始点——他人指向型消费时代

19 世纪中期，日本通过明治维新国力大增，这个时点通常被视作日本近代消费史的开端。明治维新后至二战前，也就是在进入消费大众化时代之前，日本近代社会中根据人们从事的职业不同存在着明显的阶级划分（商人比武士的地位还低），虽然此后等级制度被消除但观念仍有残留。在当时社会地位较高的一般为政界和军界的官员们，他们处在构建社会秩序的顶点位置，所以生活方式（某个阶层所能获得的最高收入下所能享受到的最优生活质量）、职业选择的高价值标准都是由这些人设定维系，并往下传导至其他阶层的民众。在阶层流动性较低的年代，大部分人在对未来的目标生活进行构想时，通常会以阶层上比自己高一个等级的人的生活方式来对标。

此后日本政商体制改革，政府开始大力支持中小企业发展，商人地位得到提升。当时整个社会的发展重心都被放在第二产业上，为了解决资本家起步难的问题，日本政府将部分产业先行私有化发展，如钢铁、造船等，政府先行投资运营后再以低价出售给民营资本家，使后面接手的企业瞬间占据行业垄断地位。这个阶段扶植起了大量后来声名显赫的日本制造业公司，如三菱系、三井系等。

也正是从这个阶段起，随着收入的提升，越来越多的人开始把生活的注意力天平从生产向消费倾斜。由于财富主要集中在政商界的精英手中，为了能体现出这种由权力、财富所产生的阶层差异化，他们通常会消费一些高价值的商品和服务，同时轻视普通劳动者的生产贡献。

19世纪末美国也有众多和企业密切往来的上层阶级的暴发户以这样的方式进行消费，美国社会学家托斯丹-范博伦在他的《有闲阶级论》一书中也针对这种现象进行过批判①。对于这种消费现象还有另一种说法——"他人指向型"消费。这个理论的前提是认为当一个人满足了基本生理需求之后，个人消费会以打造个人标签/记号为目的进行，这时人的消费行为会作为一种标签式的语言来向周围传递讯息，如消费者个人的阶层标签、财富能力、权力地位、品位风格等等。在消费社会发展的初级阶段，"有闲阶级论"和"他人指向型"消费很好地概括了贫富阶层扩大导致的差异化消费现象的原因。

进入大众消费时代黎明期

三大黄金周期叠加，开局即巅峰的日本经济

如果说炫耀性消费是阶层分化的产物，那到了近现代当日本进入了大众消费时代之后，随着阶层分化的逐渐消失，这种消费现象自然也越来越少。我们可以先通过下面的表格来看一下日本二战后到第一次石油危机爆发之前的社会图景（表1-1）。

---

① 1899年，制度经济学家范博伦的《有闲阶级论》问世，书中阐述在人类未开化时代的初期，社会分工已经出现，一部分人开始不从事生产，成了有闲阶级。他们统管政治、战争和宗教等非生产性事务，且牢牢掌握了对他人的生杀予夺大权。在未开化时代的末期，有闲阶级迅速发展壮大，封建时代的欧洲和日本就是典型的例子。

表1-1　日本大众消费时代黎明社会图景①

项目	1951—1954	1954—1955	1955—1957	1957—1958	1958—1962	1962—1963	1963—1965	1965—1966	1966—1971
基钦周期	上升	衰退	上升	衰退	上升	衰退	上升	衰退	上升
朱格拉周期		衰退	上升	上升	上升	衰退	衰退		上升
库兹涅茨周期			上升	上升	上升	上升	上升		衰退
康德拉季耶夫周期									
周期特征	白银	青铜	黄金	白银	黄金	青铜	白银	青铜	黄金
时代背景	投资景气	未知	神武景气	锅底萧条	岩户景气	转型期衰退	奥林匹克景气	证券泡沫破碎	伊奘诺景气
代表事件	战后复兴,朝鲜战争				贸易自由化,所得倍增计划,东京奥运会				
代表性消费品	半导体收音机,尼龙			三种神器(电视、冰箱、洗衣机)					
新型生产方式	大型水力&火力发电所				自动化生产,企业集约化生产				
人口	0.9亿—1亿；出生率:2%—5%；老龄人口占比:5.3%—7.9%								
经济	人均GDP:400USD—4000USD,CAGR:12.2%								
社会	城镇化水平:50%—76%；六大都市地价指数:1.7—36.1；阶层分化程度:低,一亿总中流								
消费主题	大量生产,大量消费								
代表零售业态	百货,GMS								

① 数据来源于日本统计局，日本厚生劳动省，日本经济产业省，《第3の景气》，《战后日本经济史》。

自 1948 年开始，资本主义世界进入了为期近 20 年的长波繁荣期，为战后日本经济复苏提供了一个绝佳的外部环境。二战后日本在美国的扶植下，非常快速地进入工业化的快速发展期并顺利进入成熟期。从表 1-1 中我们可以看到，中长期周期——康德拉季耶夫周期和库兹涅茨周期在 1950—1970 年之间都处在回升—繁荣阶段，因此只要朱格拉周期和基钦周期这两个短周期的回升—繁荣阶段能在这个大阶段出现，就可以很明确地判断出当时日本的经济景气程度：

1951—1971 年，包含了 5 个基钦周期和 2 个朱格拉周期的回升—繁荣期，它们与康德拉季耶夫周期和库兹涅茨周期的回升—繁荣期叠加之后，分别出现了日本历史上著名的三大经济景气期：神武景气时期、岩户景气时期和伊奘诺景气时期（我们称之为三大黄金周期）①。

神武景气时期：1956 年，日本制定"电力五年计划"，通过从外国进口原油代替煤炭进行发电，大大促进了炼油工业的发展。至此日本经济不仅完全从二战后复兴，而且进入积极建立独立经济的新阶段。"神武"取自日本神话传说中的第一位人间天皇的名号，用它命名日本有史以来最大的一次经济繁荣。

岩户景气时期：战后日本第二次经济发展高潮。日本大量生产汽车、电视及半导体收音机等家用电器，钢铁取代纺织品成为主要出口物资。

伊奘诺景气时期：1966—1971 年连续五年的经济增长时期。1964 年日本举办东京奥运会后，曾一度陷入经济不景气，于是政府决定发行战后第一次建设国债。1966 年后，经济景气持续畅旺，其间私家车和新旧"三神器"快速普及，日本成为世界第二经济大国。

因为中长期周期的方向比较一致，所以这 20 年间导致几次小的经济下滑的主导力量也容易被判断。比如东京奥运会景气时期后的短暂萧条（倒闭企业数是奥运会前的 3 倍），是因为面对突如其来的外部市场需求，企业在短时

---

① 黄金周期：四大周期的波峰重叠。

间内加大设备投资，开足马力生产，而奥运会结束特需消失后产能无法被市场正常消化，企业投资无法正常收回，现金流恶化。但当我们整体来看四个周期在这20年中的波动，可以看出日本一共出现了三次黄金周期，经济空前繁荣。

从主导产业的选择来看，战后日本把复兴经济的突破口放在了能源部门。当时日本官方认为原料、煤炭、电力等不足造成了生产不振，而电力不足是由于煤炭供应不上，煤炭供应不上是因为钢铁等器材缺乏，钢铁不足又对交通运输等部门造成不良影响。为此，日本政府实施了对煤炭、钢铁重点扶持的"倾斜生产方式"政策，随着火电站的大规模建设，同时又培育了仪器和自动化工业的发展，带动了石油化学、钢铁和自动化机器工业的发展，石油加工设备的扩大。 这一阶段日本的主导产业为煤炭、钢铁和火力发电，可以认为是日本的工业化起飞阶段。1960—1965年，日本的工业化起飞接近完成，开始朝工业化成熟期过渡，彼时新干线通车、奥运会开幕、万博会开幕、民族主义抬头，都体现出当时经济的高速增长。

但并不是所有参与者都能充分享受到这一成果。起飞时期，无论是由资本家还是人民代表来管理，都会是一个残忍和剥削的过程。事实上，起飞的本质就是要求保证财富向少数人手中集中以完成原始积累的过程和进行再投资。所以起飞之后，社会的贫富分化将呈现加速的趋势，这势必会对经济增长产生负面的约束作用。所以贫富分化对经济增长的约束的显现，是起飞完成的社会标志之一。因此可以理解战后至1965年，日本的消费社会依然保持着战前的特征，当时百货店作为高端人士的主流消费场所，吸引着众多上流资本家以体验炫耀式消费。

一般地，起飞结束后将经历一次萧条。 1963年四季度日本开始经历了一年半的深度调整，佐藤内阁实施了发行特别公债、国税减税等积极财政政策，日本于1965年开始经济快速恢复，一年之后实际GDP回到了原来的水平，但其主要拉动力量还是在于内部投资和内部消费。

1965 年后是日本的工业化成熟阶段。这个阶段是对原有产业规模由量变到质变，再由质变带动新一轮量变的升级。引入了自动化技术之后，日本的工业迅速建立了高质量、低价格的原材料供应体系。产品成本的降低，市场规模的扩大，推动了新的投资。这时的投资和起飞阶段不同的是，起飞阶段的投资带有新产业和新产品开发的性质，而在走向成熟阶段，在起飞阶段的技术开发基础上，将重点放在生产能力的规模化和设备的大型化方面，这也是资本集中后的必然表现。这时通常会有一轮成熟的上游产业的并购整合浪潮出现，比如当时三菱的三个重工业公司的合并，八幡制铁和富士制铁联合形成的新日本制铁的合并，等等。

整个过程中，工业化的升级，比如钢铁工业的发展也使得日本的建筑/房地产行业快速发展，产业集群开始形成，也直接带动了日本的城镇化发展。为了缩小贫富分化，更快速地完成工业化向大众消费社会的过渡，日本政府提出了"国民所得倍增计划"①，这和 20 世纪初中国的工业化转型时喊出的"全民奔小康"口号很相似，这也是日本开始进入大众消费时代的标志。这个阶段的人们会表现出怎样的消费特征？ 我们不妨先从人口结构为切入点研究。

进击的团块世代开始掌握时代话语权

我们先来看一下日本二战后的人口结构趋势图（图 1-1）。二战结束后，百废待兴，在政府的支持鼓励下，1947—1949 年日本出现了第一次婴儿潮，其间最高出生率为 4.3%（当年新生儿占总人口比重），这是一个非常高的数字（正常值为 1%—2%）。之后出生率开始恢复正常。1965 年出现了一次剧烈的下滑，原因是民间谣传那一年会有厄运出现，很多人为了趋吉避凶没有生育。在距离第一次婴儿潮结束后 25 年左右的 1971—1974 年，日本又出现了

---

① "国民所得倍增计划"是 1960 年由池田勇人内阁规划并实施的一个长期经济计划，计划自 1961 年起，年经济增长达到 11%，用 10 年的时间让日本的国民生产总值增加到 26 兆日元，国民收入增长 1 倍。

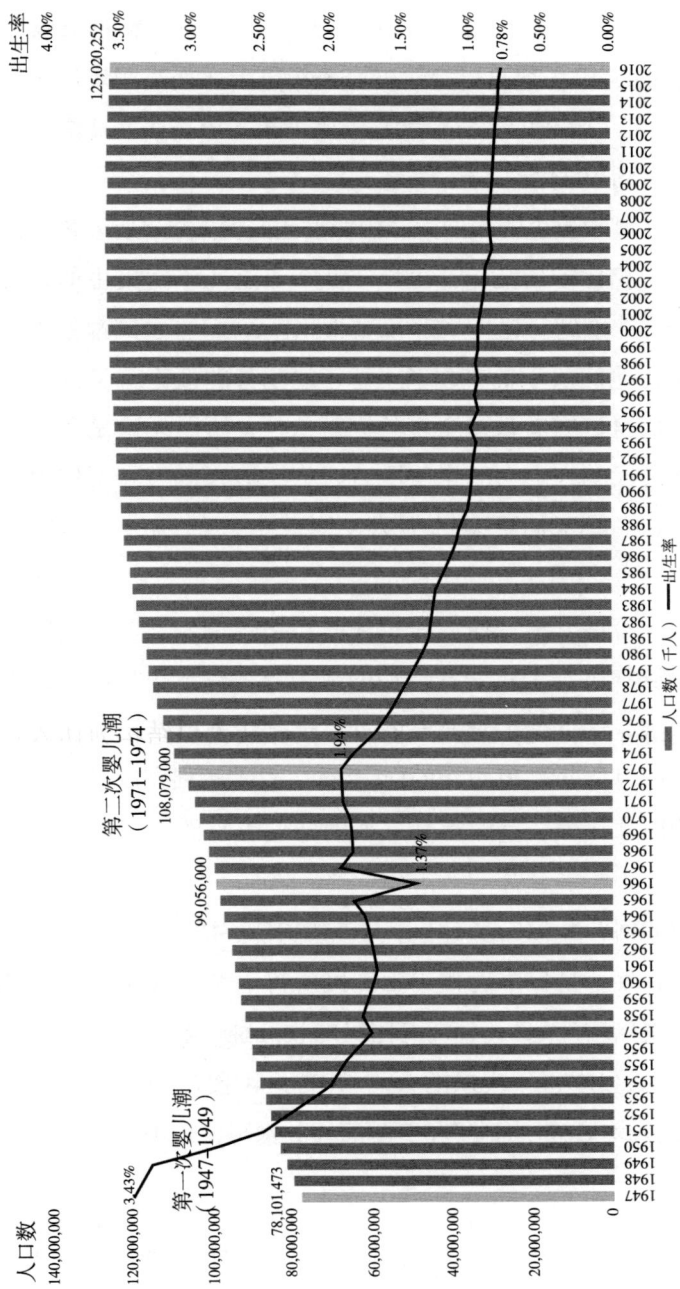

图 1-1 二战后日本人口结构趋势①

■ 人口数（千人） —— 出生率

① 数据来自日本厚生劳动省。

第二次婴儿潮，但这次婴儿潮的出生率比第一次低了许多，最高也仅为2.1%。很显然，两次婴儿潮的出现有着必然的联系：第一次婴儿潮中出生的人们在25年后大多已经到了合适的生育年龄，因此带来了第二次婴儿潮。为了便于分析，我们暂且看到1974年。

日本称在第一次婴儿潮中出生的人们为"团块世代人群"。之所以用"团块"二字来命名，是因为相比前后几年，1947—1949年这几年间出生的人口数非常庞大，像团块一样扎堆到一起①。彼时二战刚结束，日本全国都处于一种物质紧缺的状态，这让他们从小就养成了坚忍、能吃苦的性格。又因为相比其他年龄段的人，他们身边有着数量更多的同龄伙伴，所以无论是升学还是就职都面临比其他年龄段的人更大的竞争压力。为了取得学习和工作上的成功，他们通常会付出比前辈们更多的努力，因此也被称为最工作狂的一代。

战后世界经济进入长波回升期，他们在年轻时和父辈们一起，有幸见证并参与了日本经济的快速腾飞。也正是在他们的努力下，日本顺利完成了工业化起飞到成熟期的过渡，因此他们通常有着"自己是带领日本走向发达之路的一代人"的成就感和自负感。20世纪60年代末，日本顺利完成了工业化转型，开始向大众消费时代过渡，当时年轻气盛的他们也自然成了日本第一消费时代的话语权掌握者。

那他们的消费能力如何？我们先来看一下日本当时的GDP水平。

日本的经济高速成长期，是日本近代史上国民所得水准上升最高也是最快的时期。在"国民所得倍增计划"（让所有国民的收入翻一番）的推动下，1961—1970年的10年间，日本人年代末的人均GDP为年代初的2.4倍。这使日本在1970年的国民人均GDP达到了和英国同样的水平，是美国的65%，

---

① "团块世代"一词最早出现在日本作家堺屋太一所著的小说《团块の世代》中，书中故事的主人公皆为1947—1949年出生的白领阶层人士。

直接跃居世界第二，国民的商品消费和购买力大幅提升①。

"国民所得倍增计划"的实施也使日本人的收入分配差距不断缩小，无论是身处不同的行业、不同规模的企业、不同的地域，还是拥有不同的学历，人和人之间的所得分配都开始出现平等和标准化倾向。这样一来，社会阶层分化程度开始变低。之前我们曾提到过人们消费的主要目的便是通过消费打造个人标签，把它当成一种记号式的语言来和周围环境进行交流。而"自己所处在社会的哪一个阶层"便是标签的一种。在近代阶层分化程度较高时，差异越大存在的意义感越强，因此上流阶层的人们有很强的动力和意愿，通过绝对的财富和权力表现出的消费能力来体现标签的差异。但进入了大众消费时代后，随着人们的收入分配差距不断缩小，这种动力和意愿变得越来越低。众多曾经收入处于上流阶层的被划分到中流，曾经收入处于下流阶层的人挤进中产俱乐部，并且后者的人数远高于前者。在这种情况下，追求阶层标签同质化而非差异化的声音变得越来越高。

标签加大不加价，消费进入同质化时代

对于进入大众消费时代之前的阶层分化和其所对应的人们的消费特征，我们已在此前的章节有过分析。当日本进入大众消费时代后，这两者都发生了较大的变化。根据日本政府所进行的国民阶层归属意识调查，1950 年全国新兴中产阶层人数达到 451 万（东京地区为 59 万），就业者人数占 13%（东京地区占 25%）。经济高速成长结尾时期的 1970 年，全国新兴中产阶层人数达到 1050 万（东京地区为 162 万），就业者人数占 20%（东京地区占 29%）。庞大的中间阶层的形成，使得国民自身的阶层归属意识也开始变强。因为此前整个社会的收入分配过于金字塔化，所以大部分人都渴望位居中流甚至中流偏上的位置，1958 年认为自己的生活水准为"中层"的人数的比例为72.0%（包含中上、中和中下），这个数字在 1965 年上升到 86.5%，在 1970年甚至达到了 89.5%，接近 1 亿人（表 1–2）。

---

① Maddison[2003] Table 1c，2c，5c。

表 1-2　日本社会阶层意识归属数据统计（%）①

	1958 年	1965 年	1970 年	1975 年	1980 年	1985 年
中	72	86.5	89.5	89.9	89.3	88.5
中（中上）	3	7.3	7.8	7.2	7.4	6.4
中（中）	38	50	56.8	59.4	54.5	53.7
中（中下）	32	29.2	24.9	23.3	27.5	28.4
下	17	8.4	6.6	5.4	6.7	8.1

　　既然有那么多人认为自己是中产阶级，那怎样才能算是一个标准意义上的中产？成为中产本身并不仅仅是政府说的 GDP 达到某个指标，年收入达到某个水准，它实际上代表的是生活方式、观念等的一系列大的变化。于是有很多人站出来定义中产。首先，中产是一个阶级符号，是一个标签，我们说消费是获取这一标签的方式之一，于是很多消费企业便先站了出来，说不妨拿我的产品作为标杆，因为一种产品通常代表了一种消费场景，而一种消费场景通常代表了一种生活方式，拿它来和中产阶级这一标签挂钩最合适不过，这在当时依然处于卖方市场的日本非常常见。

　　20 世纪 70 年代，日本步入工业化成熟阶段，以制造业为主的中上游产业的大型化在日本成为主流趋势。大型化和集约化生产让特定赛道中的头部企业树立了在技术端和规模成本端的壁垒，这使得它们在自己擅长的赛道里拥有了强大的市场统治力和对于消费者的决策影响力。随着自动化技术的导入，电视机、电冰箱、洗衣机等新 3C 品类面世。因为这些产品在当时极大地改变了人们原有的生活方式，所以索尼、富士通等日本 3C 制造业龙头便主动提出了"拥有三大件（电视机、电冰箱、洗衣机）= 拥有新中产阶级生活方式"的口号，企业端的统一宣传口径，让人们深刻认可了这一理念，于是日

---

　　①　数据来源于"昭和六十年版国民生活白皮书"。

本全国刮起了一波收集"三大件"的风潮。

"三大件"在当时对"团块世代人群"的生活习惯产生了重大影响，以至于时至今日，即使移动互联网设备已经渗透到了无孔不入的地步，他们依然会选择电视作为接收外部信息的主流渠道。同时，20世纪70年代日本房地产行业的繁荣也是"三大件"需求持续走高的原因之一，因为当时大部分住宅的设计以及内外部配置也是被"中产阶级化"的，"三大件"也是居家之必备。从数据来看，"三大件"的普及率基本和中产阶级意识归属占比处在同样的水准。20世纪70年代日本洗衣机、电冰箱、黑白电视机等耐久性消费品的普及状况都达到了近90%（表1-3）。

表1-3　日本耐久型消费品普及状况数据统计（%）①

	1957年	1960年	1965年	1970年	1975年
洗衣机	20	45.4	68.5	88.3	97.6
冰箱	2.8	15.7	51.4	84.6	96.7
黑白电视机	7.8	54.5	90	90.2	48.7
彩电	—	—	—	26.3	90.3
私家车	—	1.2	—	22.1	41.2

除了"三大件"之外，20世纪70年代也诞生了很多其他新的品类产品，比如随身听、CD机等等。这些在当时属于"黑科技"的产品，卖家常常拿出"日本/世界第一个实现××"的硬核功能，让当时的年轻人大呼过瘾。所以"团块世代人群"的猎奇心理比其他世代的人们也要更重。而且即使是50年后的今天，这一特征也依然没有改变。这从21世纪初针对已经年过古稀的他们推出的产品品牌广告词中便可看出。

---

①　数据来源于"国民生活统计"各年版资料。

日本第一家面向老年人设备的新服务

图1-2　根据设备的类型，老龄人的喜好来匹配最合适的书籍

　　图1-2所示为日本一家书籍出版商为老年人量身打造的书籍代选服务，即使在服务功能上并没有太大的创新和壁垒，他们也会打出"日本第一个"这样的广告词来吸引老年人。

　　对于大众消费社会下的消费行动，美国社会学家大卫·理斯曼曾经用"他人指向型"这个概念来说明。理斯曼在《孤独的人群》一书中曾阐述，随着社会的发展，美国人的社会性格（所属社会集团的构成成员共有的性格构造）可以分为"传统志向型""内部指向型""他人指向型"三种，这三种性格构造依次出现。其中最后的"他人指向型"，在第二次世界大战后的美国大都市中，是中产阶级特别是年轻人之间的一种主流性格特征。这种性格的突出表现是：决定个体行动方向的是个体环境周围的其他相同年龄段个体（现实世界+虚拟世界）。具有"他人指向型"性格的人，会对从他人身上发出的信号细致观察，同时也会让自己根据已得的信号调整自己的步调，让自己和他人处在同样的节奏上。

　　根据理斯曼的理论，在"他人指向型"的发展下，出现了"Standard Package"。"Standard Package"是站在更高的一层，对消费者属性中年龄、性别、地域、阶级之间的差异进行统合，然后梳理定义出了中间多数派所拥有的共有的生活样式，然后用所定义出的生活样式再对商品和服务的属性进行定位。具体来说，比如家具、收音机、电视、冰箱、标品类的食品、服饰品等品类，这样的品类组合构成了当时所定义的中流阶层的生活方式的必备要素，如家电领域，有被称为三种神器的洗衣机、电冰箱和电视；食品类，有标品类的即食拉面等。在"他人指向型"性格的影响下，日本社会中新兴的中产阶级人群为了让自己和周围同阶层的人同调，会去追求周围人所拥有的而自己并没有的事物，这样的现象在二战后的美国同样出现过。

进入大众消费社会成熟期

关键却总被忽视的第一次石油危机

就处于工业化过程中的国家而言，它的崛起和长波的繁荣与衰退有着密切的联系。日本的起飞结束与转折发生在 1962—1966 年，而此时恰逢长波的繁荣顶点，所以日本工业化的走向成熟阶段是顺利的，并在 1966—1973 年又维持了八年的高速增长。但日本在这一波工业化接近完成的时候碰到了长波衰退的剧烈波动期，即第一次石油危机[①]。

这一次长波衰退的剧烈波动对日本的经济造成了很大的影响。因为 20 世纪 70 年代之前，日本尚处于以石油、化工、钢铁等重化工行业拉动经济增长的模式，处于资本与资源密集型的发展阶段。到了 1973 年，日本的能源需求中 3/4 是石油，而石油进口量占总需求的 99%，其中 80% 来自中东地区[②]，所以一旦石油停运，那么日本的众多工业企业就必须减产甚至停产。从这个意义上讲，石油比自卫队对国家更重要。因此第一次石油危机使日本——这个受资源约束较强的国家遭受严重冲击。

---

① 第一次石油危机：1973 年 10 月第四次中东战争爆发，石油输出国（OPEC）为了打击对手以色列以及支持以色列的国家，宣布石油禁运，暂停出口，导致油价上涨。禁运国家包括美国、日本、英国等。

② 数据来源于 ENEOS《石油产业の歴史》。

表 1-4　日本大众消费时代成熟期①

	1971—1972	1972—1974	1974—1975	1975—1977	1977—1978	1978—1980	1980—1983	1983—1985	1985—1987	1987—1991
基钦周期	衰退	上升	衰退	上升	衰退	上升	衰退	上升	衰退	上升
朱格拉周期		衰退			上升					
库兹涅茨周期			衰退		上升					
康德拉季耶夫大周期	上升									
周期特征	衰退					青铜	衰退		青铜	白银
时代背景	尼克松危机	列岛改造景气	石油危机	衰退(未知名称)			石油危机	高科技景气	日元升值衰退	泡沫经济景气
代表性事件		资本自由化,石油危机				石油危机				高科技,金融自由化
代表性消费品		3C(汽车,彩色电视机,空调)				录像机,复印机,随身听,产业机器人,低排量发动机				大型彩电,电子设备,豪车,便利店
新生产方式		精益运营,工程管理,大型计算机导入				柔性制造系统,计算机辅助设计				POS,计算机集成制造,出海
人口				1.1亿—1.3亿　出生率:1.0%—1.7%　老龄人口占比:7.9%—12.1%						
经济				人均GDP:4,000美元—28,000美元,CAGR:11.4%　城镇化水平:76%—77%						
社会				六大都市地价指数:36.1—8.2—35.1—3.1　阶层分化程度:低,开始出现阶层分化						
消费主题				量变到质变						
代表零售业态				百货店,GMS,品类杀手店,便利店						

① 数据来源于日本统计局，日本厚生劳动省，日本经济产业省，《第3の超景气》，《战后日本经济史》。

当时日本出现了通货膨胀大幅攀升和经济增长迅速下滑。受危机影响，国民恐慌情绪加重，疯狂囤积市场上的生活必需品，伊藤洋华堂等超市的货架都被哄抢一空。1973 年 11 月日本批发物价指数比 10 月份猛增了 3.2%，比上年同月上升了 22.3%，远高于美、英、西德、法等其他发达资本主义国家。从日本全国倒闭企业数量来看，1973 年全国倒闭企业数量为 8202 家，总负债为 7053 亿日元，1974 年倒闭企业数量激增到 11681 家，上升 42.4%，总负债为 16490 亿日元，上升 133.8%，日本的 GDP 也是在战后第一次表现为负增长。随着日本石油危机的加深，石油等产品价格上涨，商人们看到工业产品可能减产，乘机进行投机和囤积货品，更加促使物价上升①。

但并非所有国家在这场危机中都损失惨重，比如美国的情况就要远好于日本，原因在于美国经济在二战前便完成了产业转型，经过二次大战的浩劫，使得美国经济强于战败国的日本。同时美国经济在 20 世纪 60 年代的 8 年繁荣期时，日本尚未真正完成转型，这也是在共同遭受石油危机的外部冲击时，美国经济可以略胜一筹的根本原因。

伴随着长波衰退的是日本建筑周期和设备投资周期的衰退，这不禁让日本开始反思对资源的过度投资和依赖的粗犷扩张式的发展方式。制造业的核心竞争力在于两点：一个是研发技术能力；另一个是低成本高效率的柔性生产能力，这里面包括规模化生产能力和定制化生产能力。此前日本的制造业公司多聚焦于产能的规模化而非产能的品质化，尤其是中低端产能，这在一定程度上也和日本作为当时美国的主要贸易输出国有很大的关系。

因此危机到来，全球贸易受阻的情况下，如何帮助国内制造业公司顺利转型便成为重中之重。一方面是扩大内需，另一方面是精简产能、降低成本、提升研发实力。围绕这两点，日本在 20 世纪 70 年代中后期从中游开始，进行了一轮由粗犷扩张转向精益运营，由资源密集型转向技术密集型的转型。

---

① 数据来源于东京商工リサーチ所整理的日本全国企业破产情况汇总相关资料。

在日本这一轮库存周期向资本投资周期转换的过程中，固定资产投资的投向和结构都发生了重大变化。从行业看，装备制造业、电子电气、精密仪器、汽车、家电等偏中下游产业快速发展，与此同时，钢铁、化工、石化、普通机械等中游偏上的产业虽然也保持快速发展，但其重要性相对降低，而处于上游的产业则基本处于萎缩状态，不过食品依然保持着较强的竞争力。

第一次石油危机后的转型让日本在面对 1978 年第二次石油危机时变得游刃有余，使得本已是日本标杆型产业的制造业实力进一步提升，产品更具市场竞争力，比如本田对小排量汽车的研发使其成功打入依然受石油危机所困的美国市场，让当时的美国汽车产业巨头之一 GM（通用）的业绩雪上加霜。这样一来，美国和日本的贸易逆差进一步扩大，不得已之下，美国又开始了新一轮对日本的贸易制裁。

从相爱到相杀的日美贸易关系

日本和美国是亦师亦敌亦友的关系，两国人民对对方也是又爱又恨。虽然美国在战后给予了日本大量经济援助，并且通过布雷顿森林体系和日本保持了近 20 年的不对称贸易，但两国在贸易上的摩擦一直不断（图 1-3）：

纺织服装业：美国和日本的贸易战最早可以溯源到 20 世纪 50 年代。当时日本是以输出劳动密集型产业为主，以低人力成本赚取外币，比如服装纺织业。因为产品的高质低价，日本生产的女性内衣曾一度在美国市场卖爆，对当地的服装产业产生了较大的冲击。为了维护当地企业的利益，美国的服装行业协会决定出台贸易限制法案。为了避免和美国产生正面冲突，日本选择自行限制纺织品出口规模。

钢铁业：同一时期，两国在钢铁制品贸易上也产生了摩擦。20 世纪 50 年代，美国毫无疑问是世界上产钢量最高的国家，但因行业过于集中，以及人力成本的上升，导致头部企业在设备更新和技术迭代上的投入积极性不

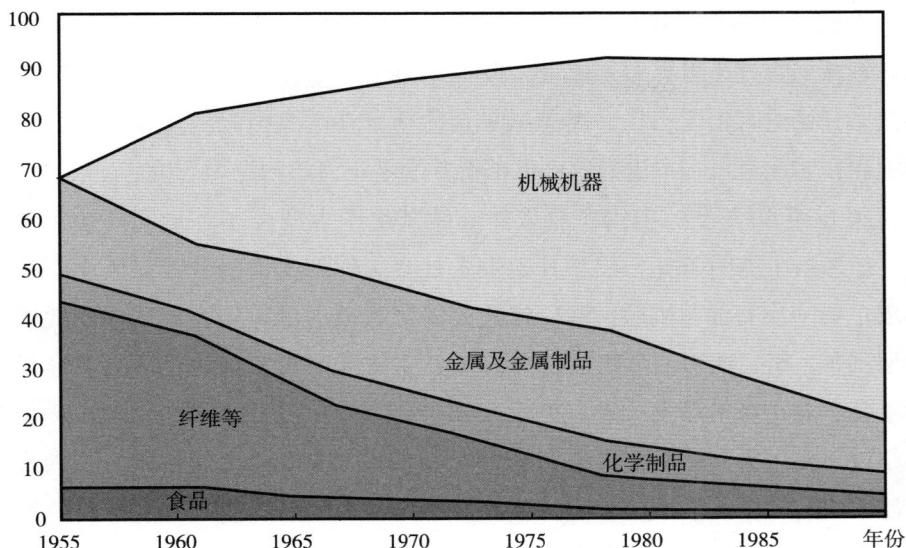

図 1-3 日本出口貿易結構变化推移①

足,于是行业竞争力被日本企业反超。1968 年美国钢铁生产商为了应对日本商品的威胁选择降价,并要求政府制定反倾销法案来限制从日本进口钢铁的最低价格。

3C 制造业:1975 年第一次石油危机期间,随着日本产业结构由资源密集型向技术密集型的顺利转型,彩色家电、半导体收音机等新型 3C 类商品可以走入正常消费者家庭。因为价格便宜耗能低,日产彩电在石油危机期间点爆了美国市场,而这一品类在当时被认为是美国 3C 制造业能守住的最后一块阵地,结果依然被日本企业占领。1977 年,美国出台市场秩序维持协议,强行限制日产彩电的进口数量为一年 175 万台,对此日本决定将彩电产地落到美国自主生产,这导致美国当地彩电企业纷纷撤退破产,最后仅存 Zenith 一家苦苦支撑,但 Zenith 最后也被一家韩国企业收购。

①　数据来源于日本统计局"贸易统计"。

不过影响最大的莫过于日本和美国之间的汽车贸易摩擦。二战后美国在汽车领域一直处于世界领先位置，20世纪50年代中后期，日本和欧洲的中小型汽车开始进入美国市场，因美国车企此前专注于大型号汽车生产获取了巨额利润，因此对日本车进口这件事都持井水不犯河水的观望态度。

20世纪60年代，美国车企依然延续其生产大型号车并走向高端化的模式，却忽略了美国年青一代和开始步入社会工作的女性消费者对于小型车的需求。第一次石油危机后，油价蹿升让消费者被迫选择更为实用的低耗能的小型汽车，第二次石油危机后这一选项几乎成为必选，这让日本车的销量迅速攀升。从市场份额上来看，20世纪50年代末，日本进口车所占的市场份额已超过10%，第一次石油危机期间飙升到19%，1980年上升到26%。内忧外患让美国的汽车巨头承受了巨大损失，甚至让当时排名第三（前两名为福特和通用）的美国克莱斯勒集团达到了濒临破产的边缘。随后日本企业请求在美国当地生产，但因当地企业仇日情绪过于严重未能成功，当时甚至还出现了砸烧日本车、把中国人误认为日本人杀害的现象。于是美国政府再次进行干预，1981年，在美国的压力之下，日本通商产业省被迫同意主动限制对美国的轿车出口，日本主动将年出口量限制在168万辆以内，并继续在未来对这一数字进行动态调整。在此基础上，美国还进一步要求日本加大国内市场开放，购买更多美国汽车。面对美国的高压政策，日本汽车产业抓住机会加快转型。首先，虽然日本主动限制了对美汽车出口量，但并未限制出口额。而当时出于通商产业省政策的原因，美国汽车在日本的市场份额几乎为零。这样一来，两国的贸易矛盾进一步激化（图1-4）。

由实入虚的日本经济

为了缓解美国当地制造业压力，减少美国对日本的贸易逆差，美国政府决定采用让日元升值、美元贬值的方式，并对日本商品征收高额关税。广场协议签署一年后，日元已经升值了20%，这瞬间让日本企业感受到了压力。

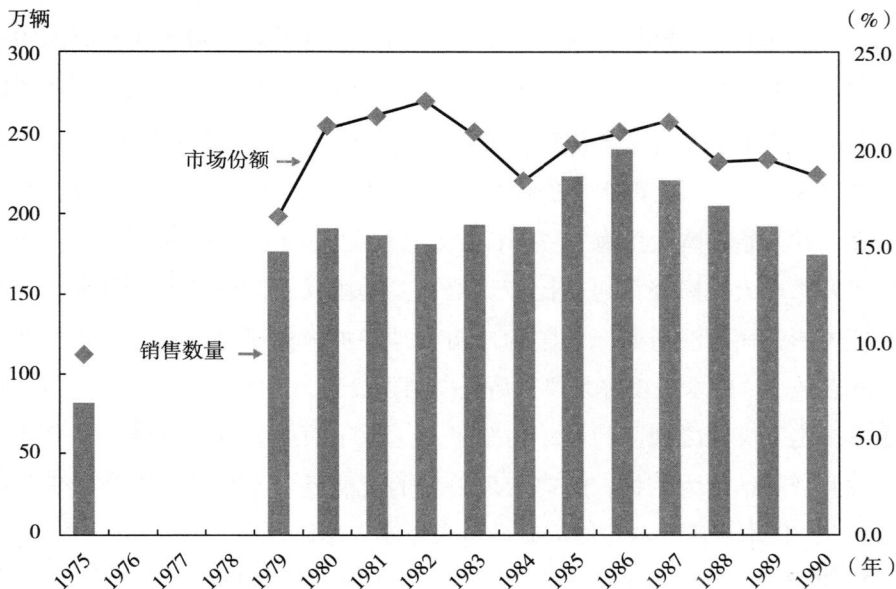

图1-4 美国市场上日本车销售数量及所占份额推移①

于是日本企业开始绞尽脑汁降低自己的成本，弥补日元升值减少的价格优势。比如把工厂迁到东南亚以寻找价格更低的原材料，降低人力成本，投资研发新设备，进一步缩减不必要的生产环节等等（日元购买力增强），这样一来反而加快了日本的制造业转型升级速度，日本商品在美国市场上的竞争力也进一步提升。到了1986年，美国对日本的贸易逆差并没有如美国所愿减小反而增大了，显然，美国没能从日元升值中占到便宜。

当然这一波日元升值对日本国内经济也产生了影响，为了应对日元升值压力，日本政府决定降低利率，因为存款的利息少了，市场上的人持有日元的就自然减少，人们去买利率高的币种，日元升值的速度就能放缓了。1986

———————————

① 数据来源于《自动车产业ハンドブック》（汽车产业手册，日产汽车篇）各年资料。

年 1 月 30 日，日本宣布将银行利率从 5% 降低到 4.5%，1987 年 2 月又降到 2.5%。既然钱不能放银行，而且拿出来投资制造业回报又低，于是市场上大量热钱涌入股市和房地产，从 1985 年年末到 1989 年年末，日经平均股价上升了 2 倍多（从 13113 日元上升到了 38915 日元），地价在 1985 年到 1991 年期间上升了 3 倍多（六大都市房价指数）[①]。过剩资金的涌入让企业增发证券融资加速，并开始并购大量海外资产，比如索尼在 1989 年以近 50 亿美元的天价收购了好莱坞大电影公司哥伦比亚。当时，美国《新闻周刊》的封面上，哥伦比亚电影公司的注册商标美国的自由女神像被换成了身穿和服、表情微笑的日本艺伎。"日本进攻好莱坞"是这期杂志最醒目的大标题，同时还以"日本企业买走了美国之魂"为题，刊登了长达数十页的特刊，在这一特刊中，以民意调查的结果为依据，断言索尼公司的收购是"比苏联军事力量更可怕的威胁"！日本经济在这段时间开始进入由实入虚阶段。

"三无青年"新人类世代和"物欲满满"的泡沫经济世代

从整个宏观经济走势看，日本经济在 1975—1990 年分别经历了衰退（第一次石油危机）—恢复（第二次石油危机—泡沫经济时期）的过程。我们之前说到第一次石油危机前日本已经完成了工业化的转型，开始进入大众消费时代。那这一阶段日本的人口结构又发生了怎样的变化？

如果人的平均生育年龄在 25 岁，那么第一次婴儿潮中（1947—1949 年）出生的人将会在 1972—1974 年生育带来第二次婴儿潮，事实也确实如此。但我们注意到日本人口出生率在 1949 年达到顶峰后的近 10 年时间里一直处于下跌状态。从平均单个家庭人口数来看，1950 年前期日本平均每个家庭有 5 人左右，主要形态为父母和三个儿女，但这一数字在 1970 年降到 3.55 人，1990 年降到 2.98 人，主要形态变为了典型的三口之家（表 1-5）。因此可以判断，在平均家庭年收入不断上升的前提下，新出生人口的消费能力和消费

---

① 数据来自日本经济产业省，日本 Yahoo Finance 的日经平均株価时系列データ（日经平均股价变化数据）。

质量是不断被提升的。

表1-5　二战后日本家庭人口相关数据推移[①]

年份	家庭数	平均家庭人口	年份	家庭数	平均家庭人口	年份	家庭数	平均家庭人口
1952	16.967	4.99	1970	29.146	3.55	1986	38.988	3.1
1955	18.345	4.9	1971	30.027	3.48	1987	39.536	3.07
1956	18.687	4.86	1972	30.853	3.43	1988	40.025	3.04
1957	18.997	4.83	1973	31.908	3.39	1989	40.561	3.02
1958	19.544	4.76	1974	32.628	3.36	1990	41.156	2.98
1959	20.083	4.68	1975	33.310	3.33	1991	41.797	2.95
1960	20.629	4.61	1976	33.911	3.31	1992	42.458	2.91
1961	21.313	4.5	1977	34.380	3.29	1993	43.077	2.88
1962	22.049	4.38	1978	34.859	3.28	1994	43.666	2.85
1963	22.890	4.25	1979	35.350	3.26	1995	44.236	2.82
1964	23.731	4.14	1980	35.831	3.24	1996	44.831	2.79
1965	24.657	4.03	1981	36.347	3.22	1997	45.498	2.75
1966	25.520	3.94	1982	36.859	3.2	1998	46.157	2.72
1967	26.403	3.94	1983	37.426	3.17	1999	46.812	2.69
1968	27.115	3.76	1984	37.935	3.15	2000	47.420	2.66
1969	28.206	3.64	1985	38.457	3.12	2001	48.015	2.63

也就是说，和"40后""50后"相比，日本"60后""70后"几乎是出生在尧天舜日般的环境里，比如"60后"的父母——"40后"，在"60后"的青少年时期，也就是20世纪70年代，大部分已经完成中产阶级的积累，并在当时飞速发展的日本企业中上升到了管理层，可谓衣食无忧。随着当时彩

---

① 数据来源于日本总务省的国势调查各年统计。

电、收音机的普及，新的媒体以一种前所未有的高效率的宣传方式，让他们感受到时代的变化，于是他们一出生便被席卷到大众消费社会中，并在消费认知上迅速追上了上一代人。

三口/四口之家出生的人一般会追求更高的独立性，随着家庭条件的不断优越，他们与此前热衷于收集三神器的父辈们在消费价值观上产生了严重分歧。他们认为三神器作为居家必备的基础消费品，很难再作为消费进一步升级的象征，那在大部分人经济实力趋同的前提下，消费的多样化和个性化/横向差异化便成了他们追求的方向。除了在消费上，他们也在价值观、行动风格、思想风潮等各方面表现出明确的和前人差异化的倾向，让上一辈的人难以用常识去理解。因为没有吃过父辈在战争期间吃过的苦，他们也常被社会批评为"三无主义"（无干劲、无所谓、无责任感），日本社会称在1951—1959年出生的这一代人为新人类。当时日本出版过《新人类图鉴》一书来专门描写各行各业的新人类，比如政治界的辻元清美、电影界的滝田洋二郎等。

新人类之后是1960—1970年出生的人，日本社会称他们为"泡沫经济世代"。之所以需要被单独分为一个世代，是因为虽然他们的青少年时期和新人类们一样是富足安稳的，但他们又恰好是在日本的泡沫经济最严重的时期走入社会，见过日本最巅峰的状态，也经历过经济危机后的落败，这样的经历深刻地影响了他们的诸多观念。

因为经济过热，分秒必争，企业开始大量招人并不惜以延长工作时间支付高昂的加班费为代价来换取高额利润，这也吸引了很多日本的家庭主妇加入就职大军。但这对于那个年代看多了在楼市、股市中暴富现象，对物质极度渴望的年轻人来说并不能满足，他们下班后依然会选择从事副业，尤其是以接待性的服务业为主，可以赚取很多外快。当时有一个非常火的卖功能饮料的品牌Regain广告很形象地描绘出当时的情景，广告男主牛若丸三郎像机器人一般拿着一瓶Regain穿梭在各种商业场合，在他的身后有一群美国商人在做陪衬，然后高唱"Business man，你可否再战 24 小时"，这句魔性话在当时可以说传遍日本的大街小巷（图 1-5）。

初代　　　　末代　　　Regain24　　Regain
Regain　　Regain2　　　　　　　　　Loyal

图 1-5　功能饮料品牌 Regain 的产品包装迭代

从偏好上来讲，差异化和个性化依然是他们追求的主流。购买能力的大幅提升，让他们可以在不同购买能力上做各种横向的差异化选择。因为日元的快速升值，日本 1990 年人均 GDP 膨胀到了 1970 年的 7 倍左右，这直接提升了日本对海外商品和资产购买能力，所以那个年代年轻人对海外奢侈品大牌有着独特的钟爱，愿意为品牌支付高额溢价（泡沫经济时期全球 80% 的奢侈品消费来自日本）。和其他世代相比，他们也是最爱逛高端百货店的一群人。

受经济文化全球化影响，他们在思想观念上逐渐脱离传统。相比"团块世代"，他们在一些日本固有的职场和家庭观念上更加开放，比如在男女家庭关系上，他们认为夫妇之间应该各自经济独立，有自己的事业，而不是男主外女主内；在职场关系处理上，他们排斥一味地顺从上级的行为。

再有一点不可忽视的便是日本的人口老龄化在 80 年代末期已经初露端倪。我们看到日本 65 岁以上人口占比已经从 1975 年的 7.9% 上升到了 1990

年的 12.1%。一般这个数字超过 7% 便意味着进入老龄化社会。从抚养关系来看，1960 年，日本一个老年人可以有 11.2 人来供养，但这一数字在 1970 年、1980 年和 1990 年分别减少到 9.8 人、7.4 人和 5.8 人①。也就是说，90 年代的年轻人的养老压力是他们父辈的 2 倍。老龄化也会带来劳动力不足的问题，导致年轻人需要承担更大的工作压力，进行更长时间的加班，并且女性也需要进入社会长时间工作。因此，这个时期选择生孩子的年轻人越来越少，日本的少子化越来越严重，这反过来又进一步加深了社会老龄化。不过以上情形虽然在 80 年代已开始出现但并非当时的主旋律，关于社会老龄化的问题我们会在后面详细为各位解析。

结合经济环境的变化，以及 1975—1990 年中的不同年龄阶段的主流消费人群的经历画像，我们可以总结出日本 1975—1990 年的社会消费特征：

差异化消费，在求变和求不变中周期性地转换

相比大众消费时代初期的同质化，已经满足了基础消费需求的人们开始追求更多精神上的满足，此时的商品不会再因为其所拥有的功能和使用价值被人们所需要，取而代之的则是刻在商品上的社会和文化的记号的意义。

而追求差异化本身就是一个求变的过程，因此人们对于消费的主张也在不断发生变化。比如起初是通过消费有差异化的商品，来声明新的消费主张——记号的意义。而到了下一个阶段，市场上的消费话语权会转移到新的增量手中，即会发生代际的转变，于是会出现新的消费主张，而新的主张想要站稳脚跟，一般会站出来取缔上一代主张的地位，因此前后阶段两代人对消费的理解，通常以互相否定的方式出现，并这样周而复始。

关于消费升级中消费主张随着代际变迁的变更规律，我们拿日本时装行业来详细说明。70 年代前半期，团块时代出生的年轻人因厌倦了上一代人的消费观念，首先站出来否定同质化，主张求变，并开创了日本的街头文化。但到了 70 年代末和 80 年代初，JJ·POPEYE 一代开始掌握时代话语权，于是

---

① 数据来源于日本总务省的国势调查各年统计。

追求年轻化、求变的消费理念被否定，取而代之的是追求大人式的成熟、安定式的消费理念，比如当时的横滨传统成熟风派（图1-6）、学院气质派等，同时人们也开始模仿美国的时装潮流。到了80年代前中期，新人类们开始掌握时代话语权，为了否定JJ·POPEYE一代人追求的成熟和安定，年轻和求变又一次被人们当成时代主旋律，而相比对于海外流行元素的模仿，这一代人更喜欢把日本的民族风加入到流行元素里，同时以山本耀司、川久保玲为主的DC（设计师品牌）开始崛起（图1-7）。而到了80年代末期，为了否定80年代中期以年轻、求变为主题的设计师品牌时尚潮流，成熟和安定再一次成为当时的关键词（图1-8）。

图1-6　1980年的横滨
传统成熟风
（JJ·POPEYE一代）

图1-7　1982年设计师
品牌全盛期的山本耀司
（新人类一代）

图1-8　1988年摆脱
JJ风的熟女时尚，香
奈儿、LV的全盛期
（泡沫经济世代一代）

　　整体来看，人们所喜好的潮流风格基本是以5—10年为一个周期，在求变和求不变中进行转换，而5—10年也恰好是人们针对代际变迁划分的年限。不过不管是追求变还是不变，其实都是针对上一版本的差异化体现。这一规律在其他行业中也是同样适用的，比如男士化妆品行业（图1-9）。

外在妆容诉求

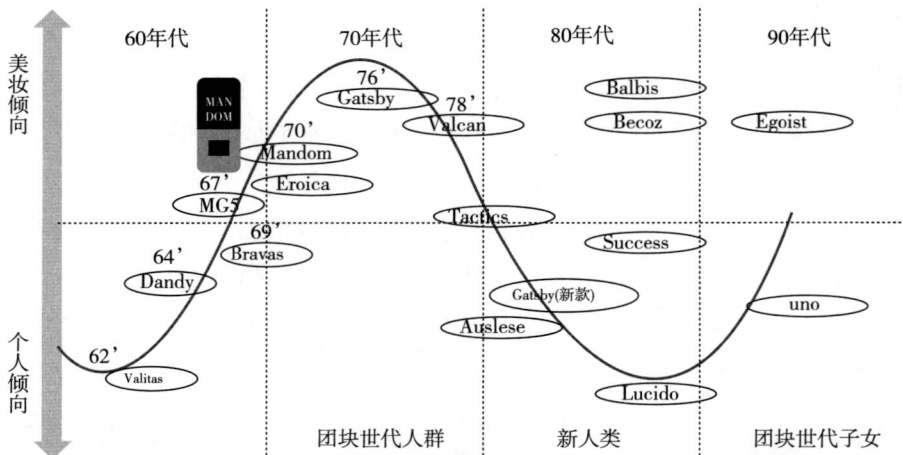

美妆倾向

个人倾向

60年代　　　70年代　　　80年代　　　90年代

76'
Gatsby
78'
Vulcan
Balbis
Becoz
Egoist

MAN DOM

70'
Mandom
67'
MG5
Eroica
Tactics
69'
Bravas
Success
64'
Dandy
Gatsby(新款)
uno
62'
Valitas
Auslese
Lucido

团块世代人群　　　新人类　　　团块世代子女

图 1-9　日本男士化妆品行业外在妆容诉求变化曲线①

精神文化消费、娱乐性消费崛起，文化产业化和产业文化化

我们刚才提到消费升级时期，人们在物质需求不断被满足后，开始把更多时间放在追求精神满足上，因此产业的文化化和文化的产业化趋势开始兴起。

根据 David Throsby 的理论，文化和产业之间的关系如图 1-10 所示，以核心的创意艺术为主的输出形式主要有文学、音乐、舞台剧、视觉艺术等。基于这些核心创意进一步产业化，方向是由里层往外层进行延伸，即第二层是电影、博物馆、美术馆、音乐厅，第三层是广域文化产业，比如观光旅游、出版、游戏、电视剧，第四层则是产品设计、建筑设计、消费品，等等。

举个例子，一部内容丰富的武侠类小说，其内容第一步通常会被以舞台剧的形式向外展示，舞台剧的下一步便是电影化，电影化成功后，进一步的内容产业化外延则是通过电视剧创作和游戏创作，一直到其武侠 IP 成为一种现象级的符号，最终渗透到人们生活中的各个角落。

---

① 水尾顺一《化粧品のブランド史》（化妆品品牌史）。

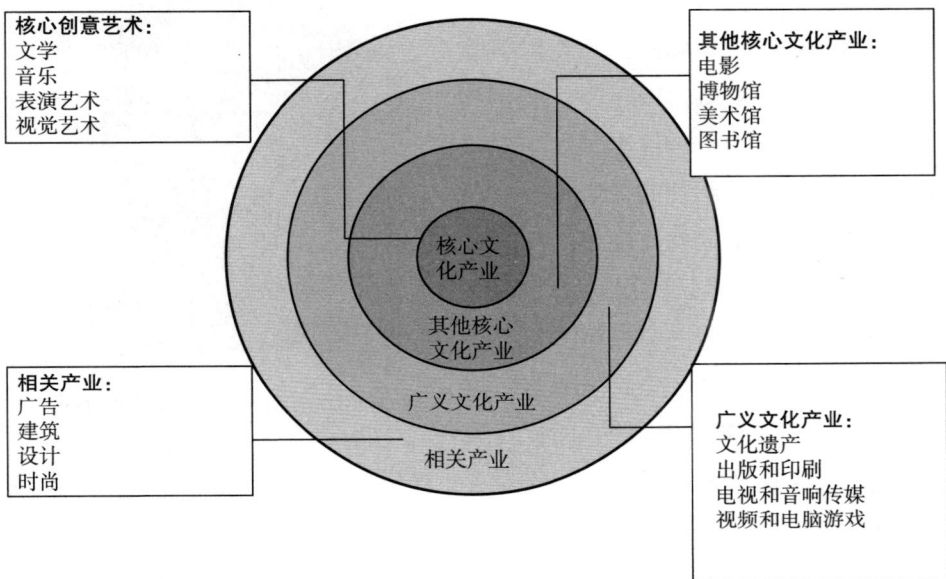

核心创意艺术：
文学
音乐
表演艺术
视觉艺术

其他核心文化产业：
电影
博物馆
美术馆
图书馆

核心文化产业

其他核心文化产业

广义文化产业

相关产业

相关产业：
广告
建筑
设计
时尚

广义文化产业：
文化遗产
出版和印刷
电视和音响传媒
视频和电脑游戏

图 1-10　产业和文化的关系图谱①

　　日本本身并不缺少文化积累，大众消费社会初期，随着文化相关产业，如零售业、制造业、商业地产业等的不断成熟，文化和产业的结合开始加深，顺序上也是从圈内到圈外展开。1951 年，日本的电影院数量为 3480 家，1960 年上升到 8316 家，增速超过 1 倍②，众多优质的内容作品得以登上银幕；此后新 3C 之一的彩色电视机开始普及，众多以电影题材为基础的电视剧开始流行；同时，任天堂开发的红白机在 80 年代风靡日本，也把众多优质题材的小说作品打造成了家喻户晓的 IP。

　　1984 年，日本漫画家鸟山明在《周刊少年 jump》上刊登了《龙珠》漫画的第一卷，深受日本年轻人的喜爱（图 1-11）。此后日本著名的玩具供应商

---

① The Model of Cultural and Creative Industries，David Thorsby（2001）。
② 数据来源于日本总务省的"事务所和企业统计调查"数据。

& 内容衍生品开发公司万代拿下龙珠的内容版权，于是"龙珠"漫画开始动画化、电影化和游戏化。1986 年，文化产业化的第一波开启——日本富士电视台开始了"龙珠"动画片的放映，并长期保持着 20% 左右的平均收视率。超高的人气让龙珠成为日本国民漫画 & 动画作品（10—50 岁日本国民中有 80% 以上的人观看过），于是文化产业化的第二波开启——以"龙珠"为题材的游戏如

图 1-11　《龙珠》第一代漫画封面

《龙珠——神龙之谜》《龙珠——大魔王复活》等纷纷在 1985—1990 年登陆家庭电脑。此后，随着 IP 影响力的进一步扩大，以"龙珠"中各个主人公为原型的手办、卡牌、玩具等纷纷上市，其中具有代表性的是 1988 年万代发行的 20 日元一张的龙珠系列卡牌，这一系列卡牌在发行后的 10 年中一共销售了 20 亿张，风靡全世界。

和文化产业同步兴起的还有娱乐业，1960 年出现了一波娱乐服务业发展热潮，高尔夫球场、保龄球场、登山运动、旅游观光业等服务业种开始受消费者欢迎。1957—1973 年，日本高尔夫球场数从 116 家大幅增加到 773 家，每年活跃用户从 182 万人上升到 3365 万人。此后，高尔夫球场的年活跃用户在泡沫经济时期持续增加，1992 年达到峰值①。

极致性价比经济的崛起

这一点主要来自第一次石油危机的冲击。虽然它没有在本质上给日本经济造成重创，但也给一部分人留下了灾难性的记忆。通货膨胀导致的物价飞涨让在第一波消费升级中崛起的消费类企业岌岌可危，对于未来的担忧让人们在危机前期的一次过渡性消费后开始迅速收缩，可以说两次石油危机期间

①　数据来源于社团法人日本高尔夫场经营者协会资料。

日本迎来了大众消费时代后的第一次消费降级。

经济危机环境下的社会贫富差距会被再一次拉大，所以相比于此前的中流化消费，在当时也出现了一部分对价格、性价比敏感的人，但当时刚刚发展起来的第三产业，如零售业、服务业等行业依然是典型的消费升级类模式，除了有较高的产品/企业品牌溢价在，从成本、效率及用户体验上也依然有较大的优化空间，物价飞涨时期让消费者更加无力承担。所以，市场上出现了一个定位极致性价比的业态空白。

那会有怎样模式的企业出现？从日本零售业的发展史来看，第一次石油危机恰好是第一批尾货超市、百元店崛起的时期，比如堂吉诃德、大创产业等。有意思的是，堂吉诃德的创始人安田隆夫，创业前曾是日本私立双雄之一庆应义塾大学的高才生，毕业后加入房地产行业，石油危机使得安田所在的公司背负大量负债不得不倒闭，于是他便下海经商，从倒闭的企业手中收买尾货进行销售，把商品的极致低价作为差异化竞争力的同时顺应消费降级趋势崛起。他的经历很好地反映了当时产业和消费社会的趋势变化。此外，原先行业内的翘楚比如西友、永旺等也开始积极开发自有品牌，把更具性价比的商品提供给消费者。

后大众消费时代

用药过猛的日本经济，平成不况的冲击

在日元升值背景下，日本的房地产泡沫不断加重，房价过高使得新一代有刚性购房需求的工薪阶层难以承担，因此这类固定资产在多次易手后价格不断攀升，最终却无人接盘。为了防止房市和股市过热，1990 年日本大藏省出台以下三项政策：规定不动产融资的总额限制；导入地价税；提高利率。政策一出台，市场迅速反应。因为买卖土地的融资款被限制，投机者无法再拿到更多土地以供交易，增量被限制；地价税的导入让人们不得不加快处置名下的闲置资产，市场的流动性增加；利率的提高，进一步抑制投机行为，想炒房的人会立马收手，去存量被加速。从方式上来看，这三项政策并没有什么大的问题，但因为导入节奏实在太快、用药过猛，市场恐慌情绪迅速

表1-6　日本后大众消费时代①

	1991—1994	1994—1997	1997—1999	1999—2001	2001—2002	2002—2008	2008—2009	2009—2012	2012—2013	2013—2018
基钦周期	衰退	上升	衰退	上升	衰退	上升	衰退	上升	上升	衰退
朱格拉周期	衰退	上升		衰退		上升	衰退		上升	
库兹涅茨周期		上升	衰退						上升	
康德拉季耶夫周期			衰退				上升			
周期特征	大衰退	青铜		衰退		白银	衰退	青铜	黄金	白银
时代背景	平成衰退	樟脑剂景气	第二次锅底衰退	IT泡沫	IT泡沫破碎	伊奘诺景气	全球恐慌	脱离危机	未知	安倍经济学景气
代表事件		阪神大地震,金融危机,零利息政策,IT泡沫				中国经济腾飞,伊拉克战争,雷曼危机				安倍经济学景气
代表性消费品		电脑,手机,DVD,游戏机,数码相机,超薄电视机				混合动力车,蓝光DVD,金融衍生品,智能家居				智能手机,电子书,物联网,金融科技,机器人
新生产方式		多媒体,资源回收系统,下一代交通系统				供应链管理,投资银行,都市重建,产业转移				新能源开发,全渠道,养老服务,低线城市开发
人口	1.3亿—1.2亿开始减少　出生率:0.8%—1.0%　老龄人口占比:12.0%—29%									
经济	人均GDP:28,000—39,000美元,CAGR:2%									
社会	城镇化水平:79%—87%—91%　六大都市地价指数:3.1—22.0—11.9—10.8—7.7　阶层分化程度:由高到低									
消费主题	共享与链接									
代表零售业态	零售集团,便利店,百元店,折扣店,药妆店,SPA模式企业,电商,全渠道									

① 数据来源于日本统计局,日本厚生劳动省,日本经济产业省,《第3の超景气》,《战后日本经济史》。

040

蔓延，于是各种银行违约、公司倒闭清算如多米诺骨牌一般接踵而来，直接把日本经济推向崩溃。以提高利率为例，从日本银行在 1989 年 5 月宣布利率从 2.5% 上升到 3.25% 起，到 1990 年 8 月这一年多的时间内，利率一共被上调了 5 次，最终定为 6%。这样的调整节奏导致市场反应过于激烈，自 1990 年起，市场开始疯狂抛售资产，但因当时的资产价格比泡沫经济前溢价过高，且未来看跌已成必然趋势，所以依然没有人愿意接盘，于是日本的不动产价格开始大幅下跌，股票市场崩盘：日本的六大都市地价指数在 1991 年达到峰值，到 1999 年已跌为峰值的 1/8；日经平均股价在 1989 年达到峰值，到 1999 年已跌为峰值的 1/2。

资产价格的大幅下跌和市场需求的急剧缩水，让此前疯狂融资、疯狂扩张的企业现金流瞬间断裂、纷纷破产，大批炒房者从此身背巨债。从日本全国倒闭企业数量来看，1990 年全国倒闭企业数量为 6468 家，总负债为 2 万亿日元，1991 年倒闭企业数量激增到 10723 家，上升 65.8%，总负债为 8 万亿日元，上升 300%①，日本开始进入"失去的 20 年"。

但这次经济危机并不是对所有企业来说都是灾难性的。比如对于日本传统强项制造业公司来说，它们在 90 年代后期通过加大研发投入，积极开拓海外市场摆脱颓势，所以它们实际经历的是"失去的 5 年"。而且经济衰退也会利好一些抗周期甚至逆周期的行业，例如百元店行业、二手行业、尾货超市、导入了 SPA 模式的服装企业等等，这一点和第一次石油危机非常相似。但大部分其他行业的公司都未能幸免。经济泡沫破碎后，很多公司为了还债开始抛售优质廉价的资产，于是出现了众多由各行业头部企业牵头的重组并购活动，市场集中度也进一步提高。1993 年整个日本的 M&A 案件数量为 397 件，之后每年持续增加，2000 年上升到了 1635 件（图 1-12）。

90 年代也恰好是信息技术革命的黎明期，我们看到在美国和新一代的巨

---

① 数据来源于东京商工リサーチ所整理的日本全国企业破产情况汇总相关资料。

案件数

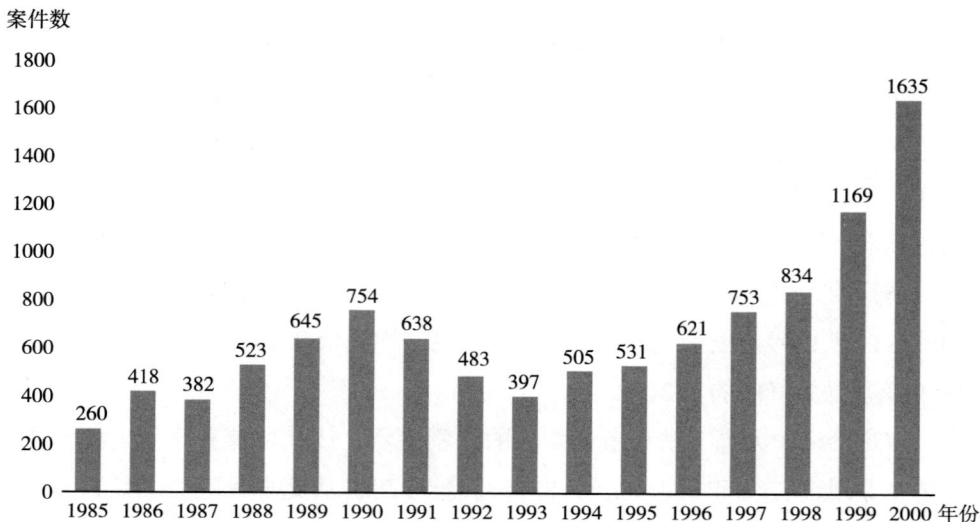

图 1-12　日本泡沫危机前后市场投资并购案件数推移①

头如亚马逊、苹果等正在崛起，但在日本，内需不足和资本市场的低迷导致日本对于新领域——ICT 方面的投资过于稀少，加上市场上资本和资源的过于集中，以及日本社会对创业的不鼓励，导致日本很难出现像马云、刘强东一样，敢于做破坏式创新的创业者（图 1-13）。

20 世纪初期，虽然 NTT Docomo 曾一度在移动互联网领域靠 "i-Mode" 领先世界，但自从 2008 年乔布斯带 iPhone 进入日本后，日本也基本将自己移动互联网的话语权交给了 Line、乐天、谷歌、脸书等外资互联网企业。这一变化我们可以通过世界企业市值排名清晰地看到，在 1989 年（平成元年）年末，世界企业市值排名前 50 的企业中，日本公司占有 32 席（第一为通信行业的 NTT，其余以制造业和银行业企业居多）；2019 年（平成三十一年），世界

---

① 数据来源于レコフデータ。

042

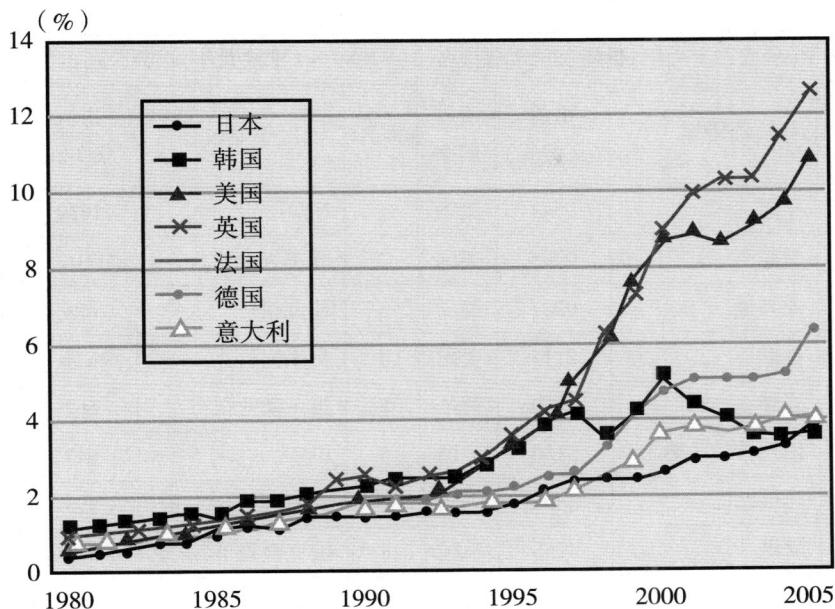

图 1-13　主要发达国家对于 ICT 行业的投资规模增速曲线①

企业市值排名前 50 的企业中，上述巨头基本被美国的苹果、亚马逊、微软，中国的阿里巴巴等互联网企业顶替掉，日本企业仅剩一席（丰田汽车）。

　　当然，内需不足、经济低迷并非最令日本头疼的问题，进入 2010 年后，日本人口的少子化和超老龄化开始逐渐成为影响日本经济长期不景气的主要原因之一。因此，日本政府不得不通过逐渐提高消费税来给老年人增加更多的社会保障。此外，针对人口减少、内需不足，加大对第三产业的投入和海外投资也成了必要措施。

<hr>

　　① 资料来源于 EU KLEMS Database March 2008，JIIP Database 2008，KIP Database。

表 1-7　1989 年和 2019 年世界市值 Top20 企业排名①

2019 年（平成三十一年）世界公司市值排名				1989 年（平成元年）世界公司市值排名			
排名	企业名	市值（亿美元）	所属国家	排名	企业名	市值（亿美元）	所属国家
1	苹果	9644	美国	1	NTT	1639	日本
2	微软	9495	美国	2	日本兴业银行	716	日本
3	亚马逊	9287	美国	3	住友银行	696	日本
4	谷歌	8115	美国	4	富士银行	671	日本
5	壳牌	5369	荷兰	5	第一动业银行	661	日本
6	伯克希尔哈撒韦	5150	美国	6	IBM	647	美国
7	阿里巴巴	4805	中国	7	三菱银行	593	日本
8	腾讯	4755	中国	8	埃克森美孚	549	美国
9	脸书	4361	美国	9	东京电力	545	日本
10	摩根大通	3685	美国	10	壳牌	544	英国
11	强生	3670	美国	11	丰田汽车	542	日本
12	埃克森美孚	3509	美国	12	通用汽车	494	美国
13	中国工商银行	2911	中国	13	三和银行	493	日本
14	沃尔玛	2938	美国	14	野村证券	444	日本
15	雀巢	2903	瑞士	15	新日本制药	415	日本
16	美国银行	2897	美国	16	AT&T	381	日本
17	Visa	2807	美国	17	日立制造所	358	日本
18	宝洁	2652	美国	18	松下电器	357	日本
19	因特尔	2646	美国	19	飞利浦	321	日本
20	思科	2480	美国	20	东芝	309	日本

① 数据来源于 Yahoo Finance。

毕业即失业的团块和后团块子女一代

我们先继续分析继日本从 1970 年步入老龄化社会后的第一个世代即 1971—1982 年出生的人——"团块和后团块子女一代",看他们具有怎样的性格特征。

之所以称为"团块和后团块子女一代",是因为他们大多出生在第二次婴儿潮时期,父母是上一辈的"团块世代"。如果我们认真推算,会发现他们和"泡沫世代"相比有着类似的童年,但他们的不幸在于毕业季没有享受到泡沫经济的红利,就直接遭遇了日本的就职冰河期。为了能拿低保,他们大多在投简历时选择了自己并不感兴趣的工作,每天顶着被裁的风险,被迫向现实妥协较多。这种压迫感反而让他们开始在工作以外的环境里追求真实的自我,所以他们很崇尚去品牌化、去标签化的理念,消费十分理性。不过还好的是,"团块和后团块子女一代"算是即使没有收入也可以啃老的一代,因为他们的父母"团块世代"在经济危机之前大部分已经完成了财富和资产的积累,所以他们很多人在毕业后也会选择和父母继续生活在一起。

此外,职场经历上的挫败让他们不再像以前学生时期那样认同读书学习的意义和价值,因为即使学历再高,在当时依然是吃低保,而获取一个高学历需要付出的时间让他们错失了很多时代红利,所以他们开始推崇"学习无用论"。但这一观念在他们发现经济下行时,好的教育经历是决定他们被录用的重要因素后又开始改变。在自己成为父母后,他们是比其他世代在子女教育上更愿意花钱,也是实际上花钱最多的一群人。

同时,他们也是电视游戏、CD、漫画、卡拉 OK、便利店、宅文化的原住民。比如 1983 年任天堂的"Family Computer"上市后,他们正值中学时期,所以他们大多都对电子游戏娱乐项目有着天然的猎奇尝试兴趣。直至今日,虽然游戏终端发生了重大变化——电视—电脑—手机,但他们依然是所有世代中最愿意在游戏上花钱和花时间的一代人。

"断，舍，离，穷"，佛系世代和 Z 世代的代名词

而之后便是 1983—1994 年出生的人，日本称之为"佛系世代"。和"团块和后团块子女一代"相比，他们最大的不同之处在于无老可啃。因为"佛系世代"的父辈以"新人类"和"泡沫经济世代"居多。这两代人在年轻时追求高端时尚，过度消费，并没有太多资产和积蓄，经济危机时期正值而立之年但事业遭到重创。所以对于 1983—1994 年出生的人，他们在年幼时目睹了父母起高楼、楼塌了的全过程，这使得他们的性格中多了很多追求安定、抗拒风险的特质。比如相比独立创业，他们更愿意选择努力学习、考入名校、进入名企等路径。同时，因为家庭经济上的拮据，他们在高中时期便开始走入社会身兼数职，独立养活自己，生活上追求节俭。

因为没有体验过泡沫经济时期的疯狂消费，所以这代人对物品的占有欲也弱了许多。同时，老龄少子化的逐渐严重，也让他们互相之间的竞争意识减弱，更加追求人与人之间关系的和谐。于是"断，舍，离，穷"便成为这一代人的代名词。要注意的是，这一代人的青少年时期正值 PC 和移动互联网的爆发期，他们也自然成为社交软件中最为活跃的一群人，这使他们在分享欲、包容欲和对于社群/团体的归属欲上都表现得更强。

最后要关注的便是 1995—2003 年出生的人——Z 世代，即"团块和后团块子女一代"的子女。因为日本的经济在泡沫经济后近 20 年的时间里都未摆脱颓势，所以从价值观来看，这代人和"佛系世代"并无根本性差异，"断，舍，离，穷"依然是他们的代名词。 同时，当时触底的出生率使得日本媒体评论团块现象已经不会再出现在"团块和后团块子女一代"的子女身上。但有一点不同的地方是，这一代人的成长是在移动互联网发展的高度成熟背景之下，因此可以被称为互联网时代的原住民。在智能手机高度普及的 2018年，"Z 世代"的每人每日平均上网时间为 236 分钟，而"佛系世代"仅为177 分钟，此外在生活方式上"Z 世代"也有着明显区别于其他世代的差异，比如对于网购等新鲜事物的接受度更高，没有很强的大品牌忠诚度等等。

由此，结合不同年龄阶段人们的经历以及经济环境的变化，我们可以总结出日本在 1990 年后的社会消费特征：

超老龄化社会到来，服务业需求井喷

和上一阶段相比，1990 年后日本的人口结构的最大特征便是出生率进一步降低，老龄化人口占比进一步提高，甚至出现人口负增长。2020 年，日本 65 岁以上人口占比超过 30%，2065 年这一数字会突破 45%，即未来 30 多年里，日本整个社会中将有接近一半的人为老年人口。

那老龄化社会形成的根本原因是什么？第一是人口平均寿命的延长。如果人的平均寿命从 70 岁延长到了 80 岁甚至 90 岁，那么 65 岁以上人口占比自然就会变高。我们看日本人口平均寿命推移，1950 年日本男性的平均寿命为 58.0 岁，女性为 61.5 岁，到了 2018 年日本男性的平均寿命为 81.3 岁，女性为 87.3 岁，日本也成为世界上人口最长寿的国家（图 1-14）。

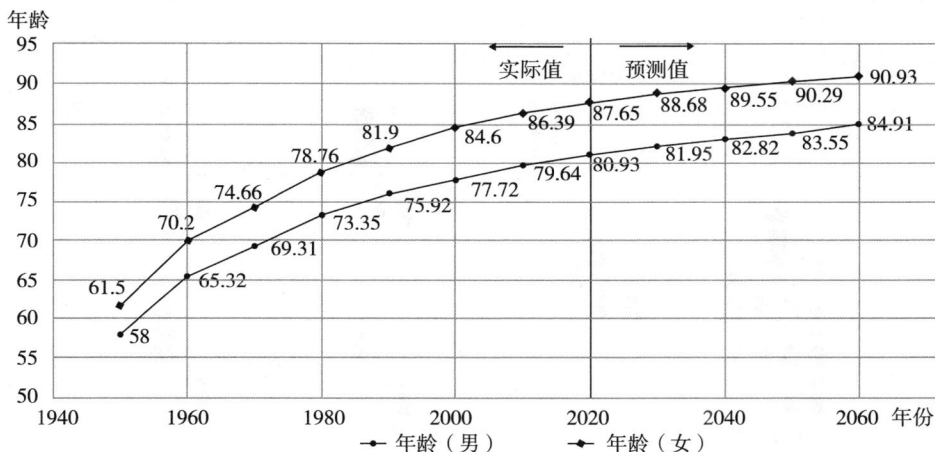

图 1-14 日本人均寿命推移和未来预测数据①

---

① 1950 年和 2010 年数据来源于日本厚生劳动省发布的"简易生命表"，1960 年至 2000 年数据来自日本厚生劳动省发布的"完全生命表"，2020 年之后的数据来源于日本国立社会保障人口问题研究所对于日本将来人口的预测（2012 年 1 月）。

从图 1-14 我们还发现，在 1950—1970 年，也就是日本的工业化加速时期，日本的人口平均寿命增速最快，之后随着日本步入后工业化时代斜率逐渐放缓，实际上这两者之间是一种正相关的联系。因为一个国家的工业化发展水平的提高，会带动人均收入、城镇化率和第三产业发达程度的提升，而这三者的提升会直接提升城市服务和医疗水平，以及税收福利。

第二个原因是少子化，即出生人口越来越少。人口寿命的延长会增加"多代同堂"类型的家庭数量，同样，我们看每一个老人所对应的供养关系，1960 年，日本一个老年人可以有 11.2 人来供养，1990 年为 5.8 人，2020年为 1.9 人，2060 年降至 1.3 人，即到了 2110 年，年轻人的养老压力将是 1960 年的 10 倍，这是一个相当恐怖的数字。也就是说，对于一个年轻人而言，以前他只需要供养他的上一辈老人，现在却需要供养上一辈和上上一辈的老人，但收入水平却并没有得到大的提升，为了减轻负担，少生甚至不生孩子便成了当前日本年轻人的主流选择（图 1-15）。

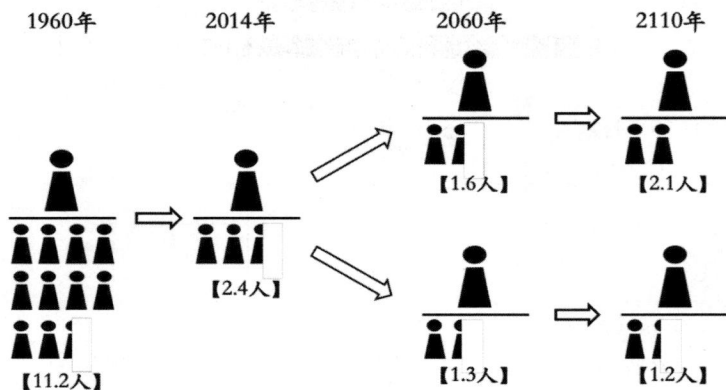

图 1-15　一个老年人需要多少人来养老①

①　数据来源于日本国立社会保障人口问题研究所对于日本将来人口的预测（2012 年 1月）。

虽然老龄化对于大部分国家来说都是必然发展趋势，但相比其他国家，日本在人口老龄化的速度上是遥遥领先的，这也和日本从工业化起步到成熟的时间相当短有着较大关系（日本用十几年的时间走完了欧美发达国家几十年的工业化发展道路）。如果我们比较65岁以上人口占比从7%升到14%所需要的时间，法国用了115年，瑞典用了85年，美国用了72年，英国用了46年，德国用了40年，而日本在1970年的时候这一数字就超过了7%，并在24年后的1994年达到了14%（图1-16）。这一速度在当时是前所未有的。

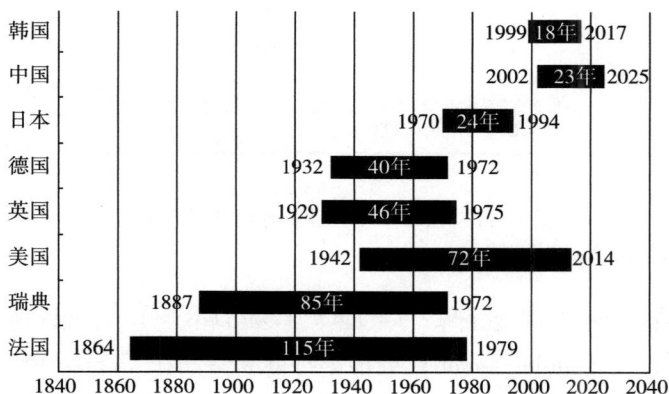

图1-16　各国老龄化人口占比从7%上升到14%需要的年份数统计①

少子老龄化给日本社会创造了很多新的需求，而这对于日本的消费社会来说影响是深刻的。具体来讲，主要有以下几点：

1. Pre-senior（65—74岁）的延迟退休/再就业需求：因为少子化越来越严重，虽然日本已经把退休年龄限定为65岁，但依然不能从根本上解决社会劳动力不足的问题。从2010年起，"团块世代"逐渐到了退休年龄，但由于难以找到合适的事业继承者，于是延迟退休成为众多人的选择。根据日本中小企业厅的调查，在2015—2020年有近30.6万的中小企业经营者达到70岁

_____

① 数据来源于日本国立社会保障人口问题研究所"人口统计资料集"（2016年）。

（图 1-17）。岁月不饶人，身体机能各方面的下降让他们很难再保持较高的工作效率，因此他们对于职能培训中心、体能补充商品、抗衰老产品、体能康健中心等的需求开始上升。

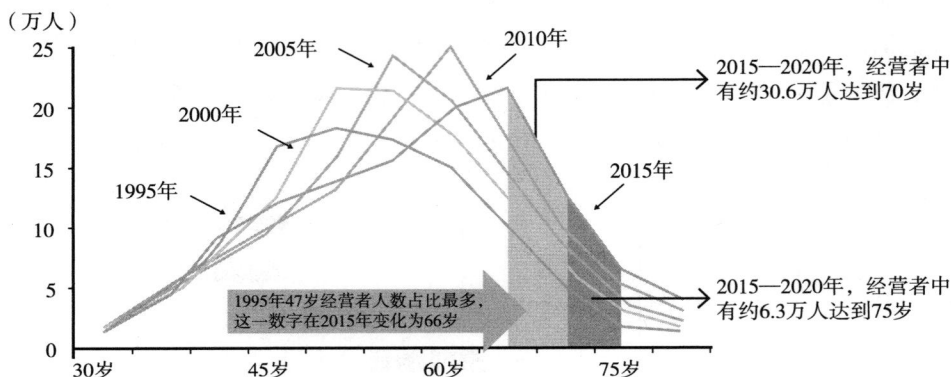

图 1-17　日本中小企业经营者年龄分布①

2. Middle-senior（75—84 岁）的资产管理需求和老年生活娱乐需求：和 Pre-senior 相比，Middle-senior 已经很难再继续留任在工作岗位上。政府提供的优厚的养老福利，和自身积累的不少财富积蓄，让他们大多选择以投资理财的方式让财富增值，因此针对老年人的资产管理服务的需求不断上升。因为退休瞬间多了很多闲暇时光，所以很多轻型的休闲娱乐消费项目成了众多人的选择，比如有人照看陪伴式的旅行服务、提供针对高龄者服务的茶店 & 书店，甚至是一些电玩城。

3. Upon-senior（85 岁以上）的生活支援服务需求：和 Middle-senior 相比，Upon-senior 虽然自由时间更多，但身体行动却越来越不方便，而且大部分人已经失去了对财富的追求，到了直面生死的最后一步。因此，人们对于

---

① 数据来源于日本中小企业厅所做的关于日本中小企业事业继承情况的调查报告（2017年）。

亿日元　　　　　　　　　　　　　　　　　　　　　　　　兆日元

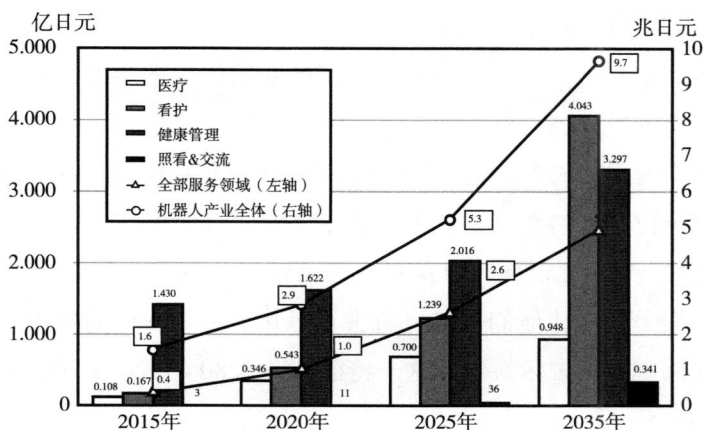

图1-18　日本机器人产业市场规模推移①

生活支援类服务，比如保姆服务、服务型机器人，甚至是墓葬服务的需求不断上升。从下面的日本机器人产业市场规模（图1-18）中可以看出，随着高龄人口占比的不断提升，人们对于具有看护医疗和健康管理功能的机器人的需求基本上呈井喷式增长。

4. Child（0—12岁）的消费升级需求：当一个老人可以有更多的年轻人来供养时，孩子们也会享受到这样的福利。比如相比一个由两代人组成的传统家庭，一个四代同堂的家庭的收入能力显然是更高的，在消费向两端倾斜且家庭人口结构呈倒金字塔的前提下（老人和孩子），后者家庭中的孩子的消费能力显然也是高于前者的，即孩子们是被消费升级了。那么，对于孩子成长来说，最需要花钱的地方在哪里？教育。因此，精品教育学校/辅导机构、1对1/VIP型的专业辅导模式成为热门。同时在其他方面，比如消费品、娱乐消费上也呈现出高端化、定制化的趋势，比如高级品牌童装、主打体验性的亲子娱乐公园等。

---

① 数据来源于日本经济产业省。

买断不如共享，拥有不如租用

除了少子老龄化带来的人们对服务型产业的需求不断提升外，理性消费也成为当下日本社会的一个主流消费特征，这和日本的"70后"至"00后"的成长经历有着很大关系。之前我们提到，"团块和后团块子女一代"在准备开启或刚开启自己的消费周期后不久就有了对于经济的灾难性记忆，而后面的"佛系世代"和"Z世代"自从有自主消费能力后就一直处在"失去的20年"经济不振中。这让他们普遍有着去竞争化、去差异化的理念，反映到消费中则是去品牌化、去标签化。这一特征和日本80年代的品牌大爆炸时期形成了鲜明的反差。

这里用一组数据和一个案例来做说明。图1-19所示为2018年日本NHK所做的"对于商品，你是更愿意租用还是拥有"的问卷调查结果，图中数据为更愿意租用部分人群的占比。我们发现，对于2018年处于0—59岁年龄段

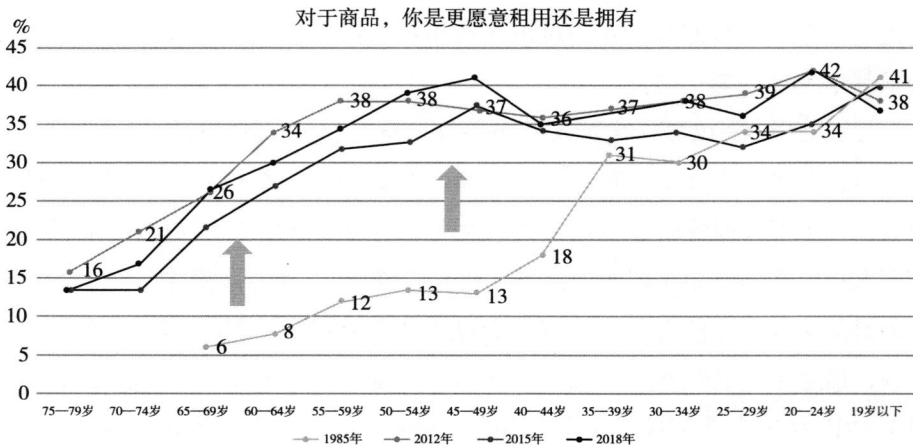

图 1-19　NHK"对于商品，你是更愿意租用还是拥有"调查数据统计①

① 数据来源于 NHK 放送文化研究所所做的"对于商品，你是更愿意租用还是拥有"的调查报告。

的人群来说，有将近40%的比例更愿意选择租用；反观1985年，这一数字则并没有那么高。如果我们对每个年龄段的人做定向追踪，会得出以下结论：越来越多新时代的年轻人对物品有较低的占有欲，但随着年龄的增长，更多的人对物品会更愿意选择拥有而非租用。（以1985年年龄为36—38岁的"团块世代"为例，当时回答"更愿意租用/借用"的人群占比为30%左右，而到了33年后的2018年，他们的年龄区间在69—71岁，而回答"更愿意租用/借用"的人群占比则降到了20%左右）

同时，如果我们来看东京街头年轻人的穿搭，和80年代满街奢侈品大牌不同，现在的年轻人更加关注自身的喜好和匹配程度，而非他人的选择。比如在衬衣的选择上，他们会选择质量有保证且不受时尚潮流影响的优衣库，价格在150元人民币左右。而在挎包的选择上，他们会选择代表"独立""自我主张"的川久保玲，而价格会在1万元人民币左右（图1-20）。

图1-20　日本当代年轻人街头穿搭风格

从追求品牌标签，到追求极致低价，再到追求极致性价比和品质

相比第一次石油危机，90年代的经济危机给日本经济造成的创伤要大得多，而且它的影响几乎覆盖了日本所有年龄阶段的人群。消费的急剧紧缩，瞬间抬高了人们对于极致低价和极致性价比的商品和服务的需求，因为经济迟迟未能复苏，所以这也成为经济危机后 10 年里的主流消费趋势。在野村综研所做的一项日本万人调查中，2000 年全日本有近 40% 的人在选购商品时把"便宜就好，和商品本身无关"作为选择的决定性因素（图 1-21）。从产业端来看，90 年代也是日本尾货连锁、百元店、二手连锁等业态的急速成长期（销售额每年保持着近 10% 以上的增长），这也从侧面反映出人们消费特征的变化。

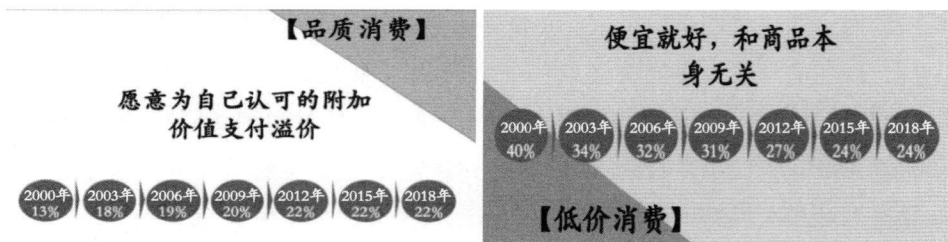

【品质消费】
愿意为自己认可的附加价值支付溢价

| 2000年 13% | 2003年 18% | 2006年 19% | 2009年 20% | 2012年 22% | 2015年 22% | 2018年 22% |

便宜就好，和商品本身无关

| 2000年 40% | 2003年 34% | 2006年 32% | 2009年 31% | 2012年 27% | 2015年 24% | 2018年 24% |

【低价消费】

图 1-21　野村综研万人消费者调查结果（部分）①

但随着经济的慢慢复苏，人们开始重新关注商品本身的品质，同样是上面的调查项，2009 年认为"便宜就好，和商品本身无关"的人数占比已经降到了 31%，在日本经济进入新的一轮"黄金周期"后，2018 年这一数字已经进一步降到了 24%。这一结论也被侧面反映在"愿意为自己认可的附加价值支付溢价"调查项中，2000 年日本消费者中愿意全心全意地为商品品质埋单的人仅有 13%，而到了 2018 年这一数字已经上升到了 22%。

---

① 数据来源于野村综研所做的第八次对于日本市场消费者的万人调查报告（2018）。

第 3 章

"人"变化背后的规律和影响要素

到此，我们不妨再进一步对日本的三个消费阶段做一个总结，并尝试回答以下问题：

人的一生会经历怎样的经济周期？

我们之前分析过反映经济景气程度的四个嵌套经济周期，并把它们的趋势变化图的理想型类比为 4 个波长不同的三角函数。如果分别设定 4 个周期的长度由长到短为 60 年、20 年、15 年和 5 年，人的平均寿命为 80 岁，根据我们的模拟，那么在一个人的一生中同时出现波峰（黄金周期）和波谷的情形分别最多平均会有 4 次，实际情况会在 3—6 次之间浮动，并且分两波较为集中地出现，每波持续 5—10 年。以"团块世代"为例，他们目前已逾 70 岁高龄，一生中经历了 4 次大的黄金周期，第一次为神武景气时期，第二次为岩户景气时期，第三次为伊奘诺景气时期，且这三次黄金周期比较集中地出现在 1956—1968 年，第四次为安倍经济学导入后的景气期。但他们也经历了2 次大的衰退，一次为第一次石油危机，另一次为平成不况，通常两波衰退会在两波黄金周期之间出现。

当然，并不是所有人都会像"团块世代"这般，在成年刚进入社会时就连碰几个黄金周期，比如"团块和后团块子女一代"，他们毕业后就直接遭遇了日本的平成不况大衰退，所以也被称为"不幸的一代"，但这并不代表他们会一直运气这么差，比如在2013年他们40多岁时，就遇到了人生中第一次黄金周期。

如果我们对日本的所有世代做一次"他们一生中分别经历了怎样的经济周期"的梳理，可以得到表1-8。

在表1-8里，我们把每个人的人生阶段做一个通用的划分，并把人生中各阶段的关键词列入，就可以直观地看到每一代人在人生重点参与社会活动的过程中遇到了怎样的外部环境变化。

当把日本的三个消费阶段中每代人所展现出的消费特征对应到表1-8里时，我们发现人们消费观的变化和经济的景气变化有着密切的联系。一般地，大繁荣和大衰退都会深刻地影响一个人的消费观，如果大繁荣和大衰退的时期正值一个人的消费观的独立形成期（一般在进入社会前的准备期和就职期，因为在这两个阶段个人消费的目标不会发生转移），影响往往会更大，某些情况下甚至会成为一个人一生的主流消费观。

经济周期和人们消费特征的对应关系图谱

所以我们不妨把这个时间段作为个人开启自身消费周期的时点，分为四种情况（只选取最主流的消费特征）：

第一种是个人开启自身消费周期的时点处在经济的整体回升期，那么在未来他的一生中会经历一个完整的经济回升—繁荣—衰退—萧条的周期，他的消费特征会以追求同质化—差异化—精神理性化 & 性价比的方式进行演变，但追求同质化依然会是主要消费特征。可参考"团块世代"。

"团块世代"在中年和老年时期依然非常强调同频、一起、集体等观念。

第二种是个人开启自身消费周期的时点处在经济的整体繁荣期，那么在未来他的一生中会经历一个完整的经济繁荣—衰退—萧条—回升的周期，他的消费特征会以追求差异化—精神理性化 & 性价比—差异化的方式进行演变（起初会以很快的速度从同质化过渡到差异化，最后追求差异化会回归），其中追求差异化是贯穿其一生的主要消费特征。可参考"新人类世代""泡沫经济世代"。

表 1-8 日本各世代所历的经济周期

世代	主要社会活动	进入社会前准备期	就职期	工作稳定期（组建家庭 & 育儿 & 照看父母）	退休准备期（子女独立 & 照看父母 & 资产运用）	退休期 & 被再雇佣（孙辈诞生 & 照看自己 & 闲暇娱乐）
团块世代	年龄	18—25 岁	25—30 岁	30—50 岁	50—65 岁	65 岁—
	对应年份	1965—1974	1972—1979	1977—1999	1997—2014	2012—
	所处经济周期主要位置	繁荣—衰退	繁荣—衰退	繁荣—衰退	衰退	繁荣
新人类世代	年龄	18—25 岁	25—30 岁	30—50 岁	50—65 岁	65 岁—
	对应年份	1969—1984	1976—1989	1981—2009	2001—2024	2016—
	所处经济周期主要位置	繁荣—衰退—繁荣	繁荣—衰退	繁荣—衰退	衰退	衰退—繁荣
泡沫经济世代	年龄	18—25 岁	25—30 岁	30—50 岁	50—65 岁	65 岁—
	对应年份	1978—1995	1985—2000	1990—2020	2010—2035	2025—
	所处经济周期主要位置	繁荣—衰退	繁荣—衰退	繁荣—衰退	?	?
团块和后团块子女世代	年龄	18—25 岁	25—30 岁	30—50 岁	50—65 岁	65 岁—
	对应年份	1989—2007	1996—2012	2001—2032	2021—2047	2036—
	所处经济周期主要位置	繁荣—衰退	衰退	繁荣—？	?	?
佛系世代	年龄	18—25 岁	25—30 岁	30—50 岁	50—65 岁	65 岁—
	对应年份	2001—2019	2008—2024	2013—2044	2033—2059	2048—
	所处经济周期主要位置	繁荣—衰退	衰退—繁荣	?	?	?
Z 世代	年龄	18—25 岁	25—30 岁	30—50 岁	50—65 岁	65 岁—
	对应年份	2013—2028	2020—2030	2025—2053	2045—2068	2060—
	所处经济周期主要位置	繁荣—？	?	?	?	?

"泡沫经济世代"在进入社会前的准备期和就职期之间碰到了日本股市和房地产的繁荣鼎盛期，这一经济环境给了他们深刻的消费记忆：对于高端百货店里的大牌奢侈品的过度消费，虽然后面经济衰退让他们一度放弃了这一爱好，但近两年日本经济回暖后，他们开始重新逛起了日本的高端百货店（图1-22）。

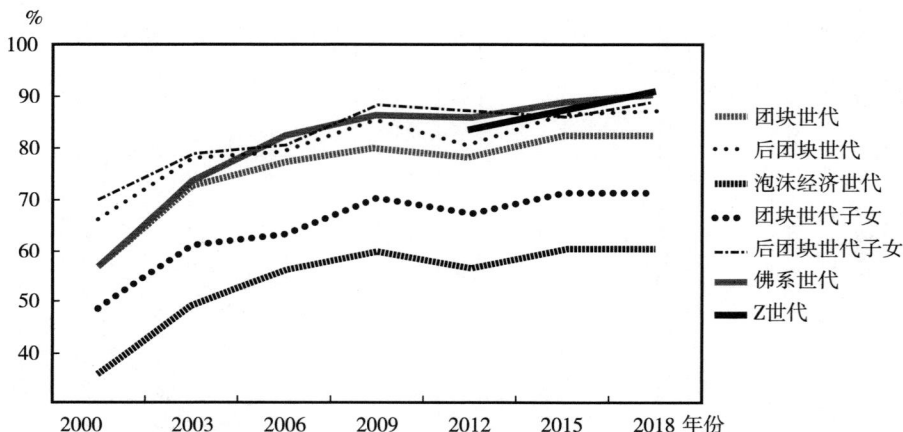

图1-22　日本各世代对于购物中心的利用率变化曲线①

　　第三种是个人开启自身消费周期的时点处在经济的整体衰退期，那么在未来他的一生中会经历一个完整的经济衰退—萧条—回升—繁荣的周期，他的消费特征会以追求精神理性化 & 性价比—同质化—差异化的方式进行演变，但同质化的过渡速度会很快，且追求精神理性化 & 性价比依然是主要特征。可参考"团块和后团块子女一代"。

　　第四种是个人开启自身消费周期的时点处在经济的整体萧条期，那么在未来他的一生中会经历一个完整的经济的萧条—回升—繁荣—衰退的周期，

---

　　① 　数据来源于野村综研所做的对于日本市场消费者的万人调查报告（2000年，2003年，2006年，2009年，2012年，2015年，2018年）。

他的消费特征会以追求精神理性化 & 性价比—同质化—差异化—精神理性化 & 性价比的方式进行演变，但同质化的过渡速度会很快，且追求精神理性化 & 性价比依然是主要特征。可参考"佛系世代""Z 世代"。

　　消费经济学中有一个概念叫"棘轮效应"，即人的消费习惯一旦形成就很难改变，尤其在短期内，易于向上调整而难于向下调整。中国有句古话叫"由俭入奢易，由奢入俭难"，说的就是这个道理。但很难改变并不意味着不能改变。人一生中要参与各种各样的社会活动，这些社会活动会带给人不同的认知和记忆，它对人的影响会以这样的链条传递下去：思维方式—行动方式—习惯—性格。影响越大，它可触达的层次就越深。这也是我们说在一个人消费观的独立形成期，景气的大繁荣和大衰退给人带来的影响会伴随人一生的原因。

第 4 章

对于中国的参考意义

以上，我们得出了"人"变化所遵循的通用性规律。如果我们把它应用到中国会怎样？我们知道工业化的成熟是开启大众消费时代的前提条件，在开始研究人口结构及消费趋势的变化之前，我们首先要弄明白中国的工业化发展进程是怎样的（此部分是我后续讲述中国消费社会的书的主题之一，具体内容会放在其中详细论述，本书仅节选部分内容）。

中国和日本虽然同时结束二战，但因为政治制度的不同，战后面对的政治经济环境的不同，导致两国在步入工业化的节奏上差了很多。如果我们来比较中国和日本的工业化起飞，起飞实际上是通过固定资产投资来拉动经济增长的阶段，但中国在 1966—1976 年的以阶级斗争为纲的"文革"中，曾有学者分析其造成的财政损失相当于自新中国成立以后到"文革"结束的所有固定资产投资额的总和，所以很多学者会把改革开放作为中国工业化的起飞准备期的起点。

改革开放以来，中国经济经历了长达数十年的高速增长，而增长背后最大的推动力是规模庞大的固定资产投资和基础设施建设，因而建筑业、钢铁、化工、机械等也就成了推动中国经济增长的火车头。虽然改革开放初期中国的外部环境不如日本，但也处在一个长波回升的阶段。在这个阶段，发达国家逐步进入信息化时代，使得传统产业向中国的转移具备了条件，毫无疑问，纺织业是第一选择，通过出口带动了国内经济发展以及产业的升级。1986 年纺织业工业总产值已经占到中国全部工业产值的 10%，1990 年则提高到 12.3%。

到了 2000 年，中国完成了工业化的起飞准备期，并开始进入工业化起飞期。但和早期欧美国家的工业化相比，中国的工业化起飞的新特征在于其过高的经济对外依赖（第二次全球化浪潮，国际分工体系更加细致紧密的情况下，中国的制造业已经成为世界分工体系的一个环节，而这一点也造成了中国工业化的过度对外依赖）。虽然日本当年的工业化也处于这样的共生模式刚刚形成的阶段，但中国对外的经济依赖程度要远远超过日本当年。如果我们看对外贸易依存度数据，日本工业化起飞，即 1955—1965 年，其对外贸易依存度维持在 21%，而中国在起飞准备、起飞阶段的 1990—1999 年、2000—2007 年，对外贸易依存度分别维持在 34.5% 和 53.8%。也就是说，中国国内市场的开放程度要超过当时的日本。更为关键的是，中日参与国际化分工的方式不同：中国参与以生产要素为基础的国际分工，承担劳动密集型部分的生产；而日本参与以产品为基础的国际分工，注重独立的品牌。这会对中国的工业化从起飞到成熟的转型带来正、负两方面影响。从负面影响来看，其一，对工业化转型中的创新要求而言，中国由于以生产要素参与国际分工，内生的创新动力明显缺乏，中低端产能规模大。其二，对工业化转型中的大众财富要求而言，中国的利益分配格局更加复杂化。从正面影响来看，外部需求可能降低转型停滞的可能，但也有可能带来经济的剧烈波动。

2008 年次贷危机发生后，中国遭遇了长波衰退的经济调整，也意味着中国工业化起飞阶段终止并步入转折期。两相对比，日本的起飞结束与转折发生在 1962—1966 年，处于第四波长波的繁荣顶点，所以日本工业化走向成熟的阶段是顺利的。而中国的工业化转折发生在第五波康波的衰退阶段，在这一阶段，中国的任务是在工业化的过程中完成前几波技术创新的技术引进和吸收工作，技术创新对中国工业化的推动作用相对较弱。虽然技术创新更容易被理解为信息技术、生物技术，但当时对中国更有意义的却是铁路技术、新材料技术，这更符合在工业化转型期的技术扩散特征。2008 年以前，中国的铁路技术还主要依赖日本和欧洲等发达国家，但从 2008 年起，中国已经能够对高铁技术进行自主创新，并在 2015 年实现对国外技术的全面摆脱甚至出口欧洲。但由于技术创新对这一轮中国工业化的贡献有限，所以相比铁路技术等，房地产行业依然被当成是主导这一轮中国经济起飞的原动力。因为以前的土地成本较低，房地产行业的高增长率直接带动了其他经济部门的扩张。但就成本和有效需求的来源来看，其作为主导产业的地位已经逐步衰减。这一成本优势的丧失，也是起飞结束的标志。

起飞结束后将迎来成熟阶段。成熟阶段并非工业化的结束期，而是它的扩散期，是一个社会已经把当时的现代技术有效地应用于它的大部分资源，用新技术的主导产业逐渐替代老的主导产业的时候。这时通常会伴随着上游的大型化和中游的多样化，催生众多以技术创新服务为主导的中小企业。其间，互联网技术扮演了重要角色。互联网技术是第五波康波的技术创新，在20 世纪 80 年代到 90 年代以美国为主导国展开，当前也是信息技术的最后成熟阶段。相比日本，作为追赶国的中国对这一技术有着很好的吸收和应用，从早年的 B2B 电商比如 1688 网，到如今的 BATPJTMD（百度、阿里、腾讯、拼多多、京东、头条、美团、滴滴），可见它已经渗透到了无孔不入的地步。但正因如此，也说明这项技术已经处于足够成熟并衰落的趋势中。

2010 年后，中国逐渐步入老龄化社会，出现"刘易斯拐点"的始点，即新增劳动力数量低于劳动力需求数量，劳动力的价格快速重构也随之出现。同时，中国的城市化进程中，城市人口占比迅速提高的发展期基本结束，可以说，中国也正处于类似日本城市化进程中出现的第二阶段后期，也伴随着城市化率的快速提高，2000 年为 36.2%，2010 年为 49.7%，2020 年为60.9%。在走向成熟阶段，部分工业化的发达地区已经开始经历大众消费时代的过程，比如上海、北京等一线城市。因为中国的工业化同样具备跨区域扩散的特征（时间机器理论），所以长三角、珠三角、江浙等地开始进入工业化后期到大众消费时代的过渡期，其次为福建、东北、重庆，再次为中西部省份，比如陕西、贵州等，它们尚处在工业化初期到中期的过渡阶段。

其间，中美贸易摩擦升级，很多人担心中国可能会步日本的后尘，但实际上因为中国的特殊国情（地域的足够纵深带来的对经济震荡的内部调节能力以及和第三世界国家的广泛结盟），中国一直有足够的底气挑战美国的霸权地位。世界经济的共生模式使得美国一直保持着对中国越来越大的贸易逆差，和当年的日本一样，双方未来将以怎样的形式处理当下问题，对中国未来的工业化发展道路和消费社会的影响非常深刻。

PART 2

场

第 5 章

"场"，怎么看？

在商业活动中，完整的商业价值链除了"人"以外，还有"场"和"货"两个部分。在上一部分中，我们通过对标日本消费社会得出了"人"在外部环境影响下的消费特征变化规律。那么，在外部环境和"人"的规律性变化的前提下，"场"在消费行业里会以怎样的规律进行变化？

场本身是一个物理上的概念，最直观的理解就是我们生活中的活动区域，比如去买东西时的超市、卖场，踢球的足球场等等。从严格的定义来讲，场是物质传递的媒介。物理学中对场在理论层面上的研究非常充分，从我们初高中常学的电、磁、引力场，这类被归于经典场，到后面的量子场等，基本支撑了解释这个世界从宏观到微观所有现象的理论依据。因为它的底层理论有很强的普适性，所以物理学中对场的解释也经常被跨学科引用，比如生物学的生态系统论、心理学的场域论等。

当我们去看商业时，所有商业活动的价值链本质上都可以被拆解成买方、卖方和媒介。这里的媒介就是场。比如农业中，农业的产业链包含原料、种植、加工、生产、物流、经销、零售等环节，这里每一个产业链参与者都可以承担"人"的角色，也会拥有自己的"场"和"货"。对于种植食蔬的农户来说，他们主要参与种植环节，加工和生产通常交给蔬食品加工厂，因此他们的场便是自己生产资料的展示和交易场，如农地、当地的批发市场摊位和物流场，如五星货车。对于蔬食品加工厂来说，它们主要参与农产品的第一、二次加工生产环节，需要把加工好的成品和各地的经销商连接起来，因此它们的场便是自己的工厂、经销会和物流场。

在消费行业里，场是连接进货商品和终端消费者的媒介，在这里它除了承担流通渠道的作用外，也承担着营销渠道的作用，直观一点理解，比如线下的卖场，线上的交易平台、营销平台等，整个环节的价值链顺序是：货经过供应链场的层层打磨赋能，然后进入渠道和营销场中被进一步赋能，最后获得最大品牌势能，并在物理和精神层面触达终端消费者。因为直接 To C 的不确定性和不稳定性高于直接 To B，营销场发挥着巨大的作用来增加渠道的稳定性，并放大渠道的势能。

从场的定义来看，其需要达成"媒介"和"赋能"这两项使命，且后者是场在自身存活的前提下，成功成为"媒介"后的进阶使命。在这一部分，我们会研究从近现代开始，在宏观环境、人和货的变化之中，消费零售场的潮起潮落，并从那些成功完成这两项使命的企业身上总结出一些共性的方法论。我们依然会选择日本作为主要的研究对象，当然这样做除了和"人"的研究结论相承接外，也是考虑到从结果上看，日本的消费零售业公司是世界上少有的在相当长的历史阶段里，即使经历了跨时间、跨地域、跨社会环境动荡等致死率极高的问题，也依然能坚持完成使命的企业。

第 6 章

日本消费社会"场"之图景

据日本东京商业研究机构的调查数据，截至目前，全日本超过 100 年历史的老店铺和企业有近 35000 家之多，百年企业数量位居世界第一。这些企业中偏下游的产业大多是中小企业，比如前店后厂模式的制造企业，地域性连锁的零售企业、贸易企业等，在 18、19 世纪，它们搭建起了日本最初始的消费行业零售基础设施。

大众消费时代黎明期

百货店的辉煌时代

日本近代零售业的历史，随着 19 世纪末 20 世纪初的百货店的登场拉开序幕。1904 年 12 月，日本的三井和服店利用公司化，即向三越和服店有限公司改组的契机，向社会宣言并定义了自身百货店的商业模式。此后通过对和服花纹、款式等方面的推陈出新，扩充店内品类，导入西方记账方式等方式不断进行经营创新，成功实现了传统和服店向近代百货店的业态转换。其他的大型和服店，如白木屋、松坂屋、大丸、高岛屋等，也几乎在同时期实现了和三越和服店类似的业态转换。

早期大多数百货店的目标消费群体为具有较高购买力的社会上流人群，因为百货店的主要贩卖商品，不仅仅满足了消费者的生理需求，同样也满足了当时消费者向周围展示自己身份和消费能力的需求（特别是当时大量输入日本百货店的进口商品）。我们在"人"的部分分析过在日本进入近代工业化之前，因为贫富差距的扩大导致阶级差异化消费现象——他人指向型消费是社会消费的主流形态，百货店正好满足了这种消费需求。

第一次世界大战期间，随着日本新中产的崛起，各大百货店开始扩大目标顾客群体，导入大众化战略。1920 年，各家百货店通过实施特别贩卖策略（廉价促销）、设置日常实用品（棉织物、日用杂货、食品饮料等）卖场、废除入场脱掉鞋子的规则（以前日本人习惯在逛高级店时脱掉鞋子，将鞋子暂时寄存，以保证店家卖场的整洁），将白领/蓝领这类社会新兴中产阶级顾客成功吸引了过来。在同时期，东京、大阪等私人铁道公司纷纷在铁路站点处设立车站百货店，也是瞄准了这一类具有高购买潜力的新兴中产阶层顾客。

第二次世界大战前，日本的百货店确立了其在日本零售业界不可动摇的地位。当时，不仅仅在东京、大阪等核心大都市，在地方的二、三线都市也出现了大量的百货店（鹿儿岛的山形屋、冈山的天满屋等）。根据"昭和十四年临时国势调查"，1939 年百货店（203 家店）的销售额占全国零售商品贩卖总额（约 85.4 亿日元）的 7%。东京市 26 家店，大阪市 11 家店，分别占整体的 14% 和 18%。即使在昭和初日本那段经济不景气的时期，百货店的增长势头依然十分强势，因此引发了日本众多中小零售商的反百货店运动。1937年，限制百货店经营扩张的"百货店法"出台，可见当时百货店业态对整个日本零售业的影响力。

大众消费时代初期

百货店跌下神坛

第二次世界大战之后，在日本最先登场的新业态是 GMS[①]。GMS 其实算是日本一个特有的线下零售业态，因为它将在美国不同时期出现的连锁店、

---

① GMS 全称为 General Merchandise Store，大型综合商超。

超市以及折扣店统合了起来。也就是说，日本的 GMS 拥有上述三个业态的特征：①连锁运营；②自助服务；③贩卖的商品品类非常广且廉价（以食品为主，同时覆盖日杂百货、服饰、家电等）①。

根据我们所能找到的最早数据，在日本进入工业化成熟期和大众消费时代后，全日本销售额排名最高的消费零售企业也基本分布在百货店和 GMS 中，1968 年前 10 席中百货店占 7 席，GMS 占 2 席，而到了 1972 年前 10 席中百货店占 5 席，GMS 占 4 席（图 2-1）。

排名	1968 年	1972 年
1	大丸	大荣
2	三越	三越
3	高岛屋	大丸
4	铁道弘济会	高岛屋
5	板坂屋	西友
6	大荣	铁道弘济会
7	西武百货店	西武百货店
8	西友	佳世客
9	阪急百货店	松坂屋
10	伊势丹	NICHII

百货店　　　GMS/SM

图 2-1　1968 年和 1972 年日本零售业公司销售额排名②

GMS 快速崛起

日本第一家 GMS 出现在 1953 年 12 月。当时东京和青山的水果店"纪国

---

①　在美国，超市通常以食品为主，折扣店通常以非食品为主。日本的 GMS 在品类上相当于两者的结合。

②　资料来源于"日经 MJ トレンド情报源"。

屋"通过导入自助服务实现转型。在此之后，同样以食品销售为主的京都的大友、东京的 wakeya（1954 年），大丸食品购物中心（1956 年）等通过导入自助服务也实现了向 GMS 的转变。第一家服饰 GMS 店为大阪的 hatoya（1955年）。然而在最初阶段，上述的 GMS 业态企业虽然展开了连锁经营，但是商品的品类却仅限定为特定的几种。

GMS 业态真正开始蓬勃发展的标志是：1960 年前后，以女性顾客为主的大荣、洋华堂（后来的伊藤洋华堂），以及冈田屋（后来的佳世客）开始纷纷导入自助购物模式、连锁运营以及扩充商品品类。几乎在同期，百货店企业也开始进入 GMS 业态，例如西武超市（后来的西武）、东光（后来的东急）。

20 世纪六七十年代，GMS 业态得到了显著成长。从 1964 年到 1974 年的 10 年间，GMS 业态的门店数量从 3620 家达到了 11962 家，接近 3 倍的增长。在此期间，GMS 业态的销售额年平均增长率为 27%，整个零售业态的销售额年平均增长率为 17%[①]。因此，70 年代前半期，整个零售业的市场格局开始变化，此前一直占据市场份额第一的百货店业态开始被 GMS 超越，零售业销售额排行榜上，1972 年 GMS 业态的大荣成功超越百货店业态的三越成为整个日本零售业销售额最高的公司。其实早在 60 年代这种现象在百货店身上便已体现。60 年代中期，百货店的销售额年平均增长率已经开始低于整个零售业态的销售额年平均增长率，增速放缓已成不争的事实。由于 GMS 的急速发展，其和日本中小零售业态的摩擦开始日趋激烈，1973 年日本再一次出台了针对零售公司的扩张限制法，只不过针对的对象由此前的百货店变为了GMS，可见当时 GMS 在日本零售业态中的支配地位。

之前我们提到，在 20 世纪 60 年代末日本进入大众消费时代后，"团块世代"开始掌握了社会消费的主流话语权。到了 70 年代，"一亿总中流"时代到来。庞大的中流阶级的形成，意味着整个社会在消费需求、消费能力和消费

---

① 数据来源于"我が国の商业"各年版。

图 2-2　三越（百货）和西友（GMS）

意识形态上的统一。因此，此前专注社会上流人群的百货店开始逐渐跌下神坛，被 GMS 反超。主要原因是，和以三越为代表的百货店相比，西友等 GMS 往往有着如下差异化特点：① 更大的卖场面积但较为偏远的位置；② 数量庞大的商品库但较单一的商品选择；③ 亲民的市场价格但较低的商品调性。对于新中产来说，GMS 是一个可以批量购置日常消费品的地方，是一个可以把他们之前在非连锁的夫妻老婆店中购置的日常消费品以更高性价比换一遍的地方。他们常常会在周末开着私家车，一家人欢欢乐乐来到店里进行一站式购物，买齐一周要用的所有生活必需品。而百货店则不同，由于百货店的定位在那儿，使得新中产们依然把它当成一个一年仅去数次的享受中高端消费的渠道。

在同时期，和 GMS 业态一样急速发展的还有制造业公司的零售连锁店（主要以家电、化妆品和汽车为主）。家电零售领域，松下电器于 1957 年在日本全国结成"国产品牌店协会"，开始将售卖松下电器的所有零售门店朝专卖店改造。1971 年，松下电器的系列专卖店已经达到了 12593 家。其他的制造业公司如日立、东芝、夏普、三洋、三菱等，也纷纷对自有的零售渠道进行改造。化妆品零售领域，资生堂将自身于战前所有的连锁店制度于第二次世界大战后进行再建改造，1970 年其拥有的契约门店（特许经营门店）数量达到了 15000 家。其他的公司如花王、kosei 等也模仿资生堂导入特许经营门店制度，对从生产到终端贩卖的全流程进行把控。1965 年，化妆品零售行业中诸如此类的直营+类直营渠道的销售额所占的市场份额，已经超过了非直营门店渠道。汽车领域，以丰田为例，第二次世界大战后丰田的贩卖渠道主要是和地方资本合作成立的专卖店，50 年代中期本社开始出资成立直营店，1968 年直营门店点位达到 1937 家。

从以上现象可以看出，在日本经济的高速成长期，GMS 和制造业公司的专卖/直营店取得了显著的成长和发展。后者因为直接从厂家手中拿货，门店构造和商品展示等也按照厂家规定进行展开，所以和连锁店很像。在美国，连锁店的快速发展期出现在 20 世纪 20 年代，当时被称为"连锁店时代"，日本的连锁店时代则出现在 20 世纪六七十年代，其增长势头丝毫不逊于美国。

大众消费时代成熟期

GMS 的冰河时代

自 20 世纪 70 年代后半段开始，GMS 业态的成长开始明显放缓。其销售额年平均增长率由 1964 年到 1974 年的 34%，下降到由 1974 年到 1985 年的 11%。1982 年度决算期，8 家大型 GMS 企业的全店铺中，60% 的企业年销售额同比开始下滑，即使销售额最高的大荣，从 1983 年开始也遇到了连续三年亏损的问题，净利润最高的伊藤洋华堂，在 1981 年 8 月的年中决算期也初次遇到了亏损的问题。日本媒体在当时甚至制作了"GMS 的冬天"、"连锁店的冰河时代"等类似的特集来描述当时的零售业态。

然而，相比于 GMS 的一蹶不振，从经济高速成长期末尾开始，日本的零售业态中不断有新的业态加入进来，Shopping Center（购物中心）、专卖店连锁、CVS（便利店）等纷纷登场。购物中心（以百货店的核心店铺为主，配以专卖店、饮食店等商业设施），以 1969 年开业的玉川高岛屋购物中心为购物中心业态开始的标志，到 80 年代末，整个购物中心业态已经在全国开业了 1400 家。购物中心的普及，给当时入驻购物中心的各家专卖店的连锁化导入

带来了契机。70 年代初之后，服饰、食品、书籍等品类中的一些实力较强的
专卖店开始进行连锁化。

排名	1972 年	1976 年	1980 年	1985 年	1988 年	1990 年
1	大荣	大荣	大荣	大荣	大荣	大荣
2	三越	三越	伊藤洋华堂	伊藤洋华堂	伊藤洋华堂	伊藤洋华堂
3	大丸	西友	西友	西友	西友	西友
4	高岛屋	大丸	佳世客	佳世客	佳世客	佳世客
5	西友	伊藤洋华堂	三越	NICHII	西武百货店	西武百货店
6	铁道弘济会	高岛屋	NICHII	三越	三越	7-ELEVEn
7	西武百货店	佳世客	大丸	西武百货店	7-ELEVEn	三越
8	佳世客	NICHII	高岛屋	高岛屋	NICHII	高岛屋
9	松坂屋	西武百货店	西武百货店	大丸	高岛屋	NICHII
10	NICHII	铁道弘济会	UNY	UNY	大丸	大丸

■ 百货店　■ GMS/SM　■ 便利店　□ 其他

图 2-3　1972—1990 年日本零售业公司销售额排名①

　　同期，其他零售业态，如家居建材超市、折扣店、百元店、药妆店、品类
杀手店、奥特莱斯购物中心等也纷纷登场，业态多样化的趋势在 80 年代后进
一步发展。

　　之所以会发生这样的业态变化，无疑是和"人"的消费需求的变化直接
关联的。我们知道自 20 世纪 70 年代后半段开始，消费社会的话语权主要掌
握在新人类世代和泡沫经济世代手中，而他们身上最主要的消费特征之一便
是追求差异化、摒弃同质化，因此此前专注于为新中产提供大量高性价比标

---

　　① 　资料来源于"日经 MJ トレンド情报源"。

品类商品的 GMS 自然不会受到他们的青睐。

对于大部分 GMS 企业来说，曾经对标品类商品进行大量进货、大量贩卖的战略开始不再奏效。虽然 GMS 有着大面积的卖场、海量的商品，但单一品类的商品矩阵和选择深度并没有构筑起来，这让当代的年轻人在逛 GMS 时感受到了深深的距离感。曾经大多数消费者都会购买的"Standard Package"品类的商品，在当时无论以多大的折扣进行销售依然无人问津。并且随着人们的生活节奏越来越快，消费场景越来越碎片化，人们开始追求消费的快爽感，并对便利性的要求越来越高。人们很难会为了购买一瓶饮料、一盒便当，而开车跑到偏远的 GMS。

这让很多 GMS 企业非常苦恼。但基于原有业态的转型是非常困难的，大而全则意味着难以做到小而美，反之亦然，所以如果想要满足这波年轻人的差异化需求，基本就相当于推倒重来，这对于此前众多重资产模式发展的 GMS 来说是难以承受之重。对此，大部分 GMS 的应对策略有两个：①成立自有品牌部门，开始推行性价比策略；②直接另立门户，方式有并购、成立 JV（合资企业）等等。关于成立自有品牌部门的典型成功案例是西友孵化无印良品，无印良品的前身是 GMS 巨头西友于 1978 年成立的自有品牌部门，定位关键词为去品牌化、平价。在西友的资源投喂下，无印良品于 1980 年走向市场，1983 年销售额突破 140 亿日元，1989 年从西友独立分拆并改名"良品计划"，1998 年上市东证二部[①]。关于另立门户的典型成功案例是伊藤洋华堂成立 7-ELEVEn 日本。70 年代末期，随着 GMS 业态的整体衰落，GMS 巨头伊藤洋华堂和美国的 7-ELEVEn 签订了在日本开设运营加盟店的合同，正式进军便利店领域，而这一年也被认为是日本便利店时代的元年。

便利店的星星之火

便利店业态，是由 GMS 业态的头部企业前伊藤洋华堂的伞下两家子公司

---

① 东京证券交易所简称"东证"，上市公司股票区分为市场一部、市场二部，东证一部相当于东京股市大盘，主要由大型公司股票组成，东证二部则主要由中小型公司及高成长新创公司股票组成。

Southlandrando 和 yoku7（后来的 7-ELEVEn）创出，1974 年于东京江东区开设了第一家门店。其他 GMS 系的便利店，如罗森（大荣系）、全家（西友系）、Sunkus（长崎屋系）、Circle K（uni 系）等，皆在此后纷纷登场。对于便利店业态的定义：① 小规模店铺（300 平方米以下）；② 以日常必需品为中心的商品 SKU 数（2000~3000）；③ 定价贩卖；④ 年中无休，长时间经营（24 小时）；⑤ 自助服务；⑥ 距离住宅区近等。特别是第②、④、⑥三项，为便利店业态的主要特征。便利店行业自 70 年代后半段开始到 80 年代急速成长，规模最大的 7-ELEVEn 在 1983 年店铺数达到了 2000 家以上，同时每家店铺皆导入了 POS（point of sales）系统，加强对单品的管理，尽可能地减少在库商品积压和断货的现象。1985 年到 1994 年，便利店业态的销售额年平均增长率达到了 10.5%，相比其他受增长难困扰的零售业态，表现十分抢眼。

7-ELEVEn 社长铃木敏文曾于 60 年代末提出"市场此后会由卖方市场向买方市场进行转换"。便利店的诞生，也正好迎合了当时消费多样化和个性化的趋势。便利店以日常必需品为中心，其所拥有的商品 SKU 的恰到好处，能提供的时间和距离上的便利性，给消费者留下了"必要的商品，在必要的时候，可以在便利店购买到想要的数量"的印象。但做到这一点并不容易。时间和距离上的便利意味着门店必须距离消费者足够近，且运营时间全天候覆盖。 也就是说，门店必须有着相当高的点位密度（比 GMS 高 1—2 个数量级）。在分秒必争的七八十年代，各家对于点位的竞争异常激烈，而想在短期拿下上万个门店点位仅依靠自然业务发展是不太现实的，于是 7-ELEVEn 在 1979 年（创立第六年）于东证二部上市进行融资扩张，并在次年实现了全国 1000 家店的业绩，在此后的 1980—1990 年，7-ELEVEn 以平均每年 200—300 家店的速度快速扩张。

为了能更好地应对消费者需求的快速变化，便利店相比其他业态更早地进行了数据化转型。 1982 年 7-ELEVEn 的 POS 系统上线，这让它可以根据商圈的特性、店铺的位置、顾客层、天气等因素来调整店内进货的商品。在大量数据沉淀的过程中，7-ELEVEn 的 POS 系统也不断进行优化，这让它构建起了强大的中台能力，为 7-ELEVEn 向便利店 2.0 和 3.0 模式的进化打下了坚实的基础。

品类杀手店的异军突起

顾名思义，品类杀手店即把原先大而全的 GMS 中的某些品类单独拿出来自建一个品类渠道，做到精而美。因为品类选择相对聚焦，SKU 数比 GMS 低了 1—2 个数量级，所以品类杀手店的店型比 GMS 小很多，管理难度也相应降低。因此，相比单纯的渠道商，日本很多实力雄厚的制造业公司会选择自建渠道。一般来讲，一些高频、刚需的日常消费品品类，包括一些高毛利、高频、易冲动型消费的品类因为拥有足够大的市场空间，所以即使单独拿出来做也可以形成很强的渠道规模效应，比如家电、服装、家居用品、化妆品、饰品等。

这个业态之所以会在日本的 70 年代末至 90 年代崛起，有以下几点原因：

品类有足够的纵深：总 SKU 数变少但单 SKU 所占的卖场面积低，提供给顾客的选择空间更大，人们可以根据喜好选择符合自身标签的商品。

产品和服务专业度高：因为整个产业链模式为制造商向下游渠道延伸，所以品类杀手店本身就是市场上最懂货的一群人，所以它们充当了一个想通过消费来进一步精细化运营自己身上标签的人们的产品顾问。甚至部分公司在产品的售后服务上也是全链条服务。这比只懂得如何促销卖货的 GMS 的竞争力要强很多。

价格更低：供应的稳定和品类的聚焦降低了库存管理的难度，比 GMS 更容易产生渠道效应，因此价格上更有竞争力。

反应速度更快：部分已经实现了渠道自有化的公司，比如优衣库、宜得利，其数据是全价值链打通的，所以可以根据市场动向来实时调整自己的产品供应链，实现快速反应。

当然，并非所有制造业起步的公司都会选择自建渠道，因为对于本身利润就薄的制造业公司来说，贸然自建渠道意味着要承担很大的库存积压风险和资产贬值风险，现金流压力很大，所以大部分企业都会选择少量直营店/专卖店、加盟店/代理店为主的模式，比如松下电器。20 世纪 80 年代，松下电器导入不倾斜政策，即对渠道内所有制造商商品在代理店渠道资源上采取一视同仁的政策，在品类选择的深度和价格上跑赢 GMS 的基础上，进一步跑赢家电版的 GMS——山田电器，获得了消费者的青睐。

抗周期主力折扣店和百元店的出现

在 20 世纪 70 年代前半期，日本遇到了经济高速增长后的第一次衰退：第一次石油危机。其间市场物价飞涨，企业破产和人员失业频繁发生，整个社会在短期内进入消费降级状态。社会停运、收入停滞和对未来就业情况的悲观，让人们在消费上倾向于更具高性价比的渠道。但我们从日本的零售企业排名中看到当时市场上能提供日常刚需类商品的业态依然是以 GMS 和一些非连锁的夫妻老婆店为主，很显然这并不能满足人们当下的需求。

针对这个市场空白，日本出现了两种业态：一种是以堂吉诃德为代表的折扣店；另一种是以大创为代表的百元店。其实，还有一种业态是二手店，但在规模上比起这两种业态有较大差距。从商业模式上来讲，两者在初期并没有什么不同，皆是以从倒闭的渠道商或者工厂手中低价购买尾货，并以低于市场平均价格出售的模式为主，只不过堂吉诃德初期模式的核心是做到所有商品全市场最低价，大创初期模式的核心则是做到所有商品全市场最高性价比。

为了实现所有商品全市场最低价，堂吉诃德主要采取以下几个策略：

"压缩陈列"策略：与"易寻、易拿、易买"原则背道而驰，门店内乱序陈列多种商品，让消费者感受到一种挖宝的乐趣。

"POP 洪水"策略：将商品信息、价格优势全部手绘于标签上，以最大限度地吸引消费者注意。

"深夜营销"策略：错开和主流业态在时间上的正面竞争，更高效率地应用营销资源。

以上三个策略的导入，使堂吉诃德分别做到了"体验最大化+毛利最大化+流量最大化"。在后期非尾货爆款商品导入后，堂吉诃德用尾货的高毛利补贴了爆款商品的低毛利甚至是负毛利，最终使得所有商品实现全市场最低价。

对于大创来说，虽然早期也像堂吉诃德一样追求极致低价，但在发现人们并非对商品的品质完全没有追求后（源于一次人们对于大创商品的便宜没好货的评价），大创决定聚焦极致性价比。

为此，大创采取的是以下几个策略：

移动贩卖策略：用卡车装载一批货在高人流聚集区销售，节省了物流和场地租赁成本，也兼具一部分宣传功能。

全部商品 100 日元策略：把所有商品都标价 100 日元，让消费者缩短决策过程，形成冲动型消费。

正负毛利搭配，大量进货大量销售策略：在商品售价不变的前提下，大幅提升部分商品的成本和质量，通过品类之间亏盈搭配来跑通盈利模型，通过大量进货大量销售提升整体盈利规模。

当然，石油危机的影响很快过去，到了 80 年代的泡沫经济时期，这两个业态也逐渐变得不温不火。因此它们并没有吃到太多的时代红利，我们也并未看到它们中有任何一家公司进入了行业销售额前十。之所以要在这里简要分析，是因为日本 90 年代的经济危机和第一次石油危机在诸多方面是类似的，如果说第一次石油危机让堂吉诃德和大创完成了 0 到 1 的积累，而 90 年代后的日本经济崩溃则让它们顺利完成了 1 到 10 的跨越，成为对抗经济衰退的绝对主力。

后大众消费时代

20 世纪 90 年代是一个震荡的时代，如果我们概览从 1990 年开始日本零售业销售额前十公司的排名变化，会发现有以下几个趋势：百货店全面撤退，GMS 有部分依然在死守，药妆店开始崛起，折扣店、百元店、二手店、导入了 SPA 模式的品类杀手店大爆发，便利店成功登顶，电商不温不火（图 2-4）。为什么会发生这样的变化，我们来逐个分析。

排名	1990 年度	1994 年度	1996 年度	1998 年度	2000 年度	2006 年度	2008 年度
1	大荣	大荣	大荣	大荣	7-ELEVEn	7&1 HD	7&1 HD
2	伊藤洋华堂	伊藤洋华堂	伊藤洋华堂	7-ELEVEn	大荣	永旺	永旺
3	西友	佳世客	佳世客	伊藤洋华堂	永旺	山田电机	山田电机
4	佳世客	西友	麦凯乐	佳世客	伊藤洋华堂	大荣	伊藤洋华堂
5	西武百货店	NICHII	高岛屋	罗森	罗森	UNY	罗森
6	7-ELEVEn	三越	西友	麦凯乐	麦凯乐	高岛屋	全家
7	三越	高岛屋	三越	高岛屋	高岛屋	西友	UNY
8	高岛屋	西武百货店	UNY	西友	全家	大丸	爱电王
9	NICHII	UNY	西武百货店	UNY	西友	三越	高岛屋
10	大丸	大丸	大丸	全家	UNY	伊势丹	大荣

■ 百货店　■ GMS/SM　■ 便利店　■ 专门店　□ 其他

排名	2008 年度	2010 年度	2012 年度	2014 年度	2016 年度	2019 年度
1	7 & 1 HD	7 & 1 HD	永旺	永旺	永旺	永旺
2	永旺	永旺	7 & 1 HD	7 & 1 HD	7 & 1 HD	7 & 1 HD
3	山田电机	山田电机	山田电机	山田电机	迅销	迅销
4	伊藤洋华堂	三越伊势丹	三越伊势丹	全家	山田电机	山田电机
5	罗森	UNY	UNY	三越伊势丹	三越伊势丹	PPIH（堂吉诃德总公司）
6	全家	大丸松坂屋	大荣	大丸松坂屋	大丸松坂屋	三越伊势丹
7	UNY	大荣	大丸松坂屋	UNY	UNY·全家	H20 零售
8	爱电王	爱电王	高岛屋	高岛屋	H20 零售	高岛屋
9	高岛屋	高岛屋	迅销	Big Camera	高岛屋	Big Gamera
10	大荣	迅销	Beisia Group	大荣	堂吉诃德	鹤语药妆

■ 百货店　■ GMS/SM　■ 便利店　■ 专门店　■ SPA
□ 折扣店　■ 药妆店

图 2-4　1990—2008 年日本零售业公司销售额排名①

---

① 资料来源于 Diamond Chain Store，各大公司的年报、财报。

百货店全面撤退

从 1991 年开始，日本全国百货店销售总额从峰值 9.7 万亿日元持续下跌，最大跌幅 6%，其间虽有回暖但再也未能回到高峰时水平。在"人"的部分，我们已经分析过这次经济危机的背景，以及对人所产生的影响。无疑，这是一次比第一次石油危机影响大得多的经济衰退，全国上下无论是企业还是个人都瞬间身背大量负债，整个社会进入了大消费降级时代。

对各类消费品来说，受消费收缩影响最大的首先是奢侈品，所以以销售一手奢侈品大牌为主的百货店受到的影响自然也最大。但也正因为一手奢侈品消费的萎缩，激发了二手奢侈品的存量消费市场。

不甘被时代淘汰的 GMS

和百货店的溃败略有不同的是，GMS 作为日常刚需消费品的主要卖场，依靠品类的抗周期优势苦苦支撑。但部分 GMS 企业因为选择重资产高杠杆的发展模式，在这次危机后彻底由盛转衰。以大荣为例：

大荣创立于 1957 年，是近现代日本零售业的开山鼻祖。之所以这样说，是因为创始人中功内不仅带领大荣稳坐日本零售界第一的位置长达 40 余年，而且日本零售界的诸多创新如 PB（自有品牌商品），皆出自他手。但不幸的是，因为连续业绩赤字，2013 年 8 月大荣不得不卖身于 GMS 新巨头永旺寻求庇护，而它由盛转衰的转折点便是 90 年代的这次经济危机。从模式上来讲，大荣的商业逻辑是从银行借贷大量资金不断购置土地发展为商业地产，再以大荣为核心，引入其他消费业态带动整个商圈发展，在凭借零售业务赚取利润的同时，享受土地资产升值带来的超额收益。在当时这种模式被行业认为是很大的跨界创新，中功内也认为这是大荣想要进一步做大做强，在未来渠道红利见顶时，让大荣成为新品牌孵化基础设施的必然发展路径。但很快，90 年代后房地产行业的崩塌，直接让危机前各种买买买的大荣成为当时行业里欠债最多的企业之一。从此 3 兆日元的欠款像一座山一样压着本身已难转身的巨头，让它在后面面对优衣库、大创等零售业新秀时力不从心。最终新客不来，老客不断流失，2004 年大荣已接近濒死状态，此后多次业务改革皆效果甚微，最终于 2013 年被永旺收购。

大荣的案例是当时时代发展的一个缩影，但也并非所有的 GMS 企业都像它一样，有实力撬动那么多的资源去做各种跨界尝试。自 90 年代中期开始的 GMS 行业衰落，论主要原因，其实是 GMS 主打的低价牌在面对当时已经遍地开花的主打"品质+低价+体验"的业态面前已经不再好用。

老龄少子化社会到来，药妆店后来居上

说到起源，日本的药妆店早期是由销售医药品的药店进行规模扩张，引入化妆品杂货等健康美容类商品后形成的业态。1970 年为日本药妆店业态的黎明期，当时日本医药分离政策刚出台，市场上主要以规模较小的个体药店为主，行业非常分散。

相比百货店和 GMS，药妆店其实是一个比较新的业态。之所以新，是因为它的品类所对应的人群以及消费场景需要一个条件来触发：社会老龄化。当然男女性对于美妆和日常护理的需求升级也会给药妆的发展带来红利，但是对于大多药品占比 40% 以上的店来说，中老年人群依然是它们的主流客群。

20 世纪 70 年代，日本 65 岁以上人口占比超过 7%，标志着日本开始进入老龄化社会，而 1970 年也正好是日本药妆店的发展元年。为了促进行业发展，市场上零散的连锁药店开始抱团形成了两个规模较大的日本药店联盟：一个是日本口腔药品联盟，另一个是日本药品连锁联盟。这两个联盟在保持加盟店经营层面独立性的同时，通过联合集采、合作进行商品研发等方式提升加盟店竞争力。但药品毕竟是低频刚需品类，难以在前后端形成规模效应，因此门店的扩张复制速度很慢。为了解决这一问题，部分药店考虑引入和药品在配方功能上有高重合度，但专业度较低、使用限制较少、更高频刚需的品类，比如化妆品、保健品等进行搭配，于是标准意义上的药妆店出现了。1975 年，随着日本"药店距离限制"政策被废除（在一定面积的区域内不允许开第二家药妆店），药妆店开始加速开店扩张。

进入 90 年代后，日本的药妆店行业进入成长期，并在此后迅速成为日本线下零售业态中增速最快的业态。之所以能在经济不景气时期保持高的增长速度，主要有以下几点原因：

1. 庞大的需求基数：2020 年，日本的老龄人口占比达到 30%。此外，为了能更长久地留在工作岗位上，很多中年人很早就有了抵抗衰老的意识。因此，整个日本会有超过 50% 的人对功能性保健品、健康食品/饮品、药品等有着高频的购买需求。

2. 平价性：在品类搭配上，大部分药妆店会选择药品 30%—40%，化妆品 20%—30%，日杂百货+食品 30%—50% 的配比。一般来说，药品和化妆品毛利较高，部分商品甚至可以达到 80%，而这部分毛利通常被拿来补贴日杂百货和食品品类。因此，药妆店的商品价格相比大部分业态比如便利店等都是有优势的[①]。

3. 便利性：继日本的三家便利店巨头（7-ELEVEn、全家和罗森）实现了最后一公里后，药妆店在门店点位密度上也逐渐追平便利店，到了 2020 年两个业态在日本的终端门店数皆接近 6 万家，并且部分药妆店也开始导入 24 小时营业制度。因此，在时间和距离的便利性上，药妆店是胜过大部分业态的。

4. 药剂师资源壁垒：对于处方药的销售来说，网点必须配备一个证照齐全的药剂师才有资格，然而药剂师资源的有限，和雇用药剂师带来的高人力成本，对其他大部分业态来说是难以承受的。

折扣店、百元店、二手店和 SPA 模式企业的全面起飞

此前，我们介绍过日本规模最大的折扣店堂吉诃德，和规模最大的百元店大创产业的 0 到 1。从基因来看，它们的模式具有天然逆周期性，是专攻消

---

① 品类占比和毛利数据主要参照松本清、Cocokarafine 等日本药妆店行业头部企业运营数据。

费降级的业态。因此在 90 年代，它们迎来了各自的黄金发展期。虽然两者在 0 到 1 阶段的模式有诸多相似性，但根本逻辑的不同让两者在 1 到 10 阶段走上了截然不同的道路：堂吉诃德的变废为宝逻辑让它的商业模式变成了，由把商品变废为宝，向把土地变废为宝，再向把企业变废为宝的模式。这项对于市场被低估资产的发现和起死回生的能力，使堂吉诃德变得越来越像是一家产业并购投资机构，而非单纯的零售企业。而大创则依然专注于向消费者提供极致性价比商品，在供应链端和渠道端进行了大量优化，比如它会到全世界去寻找最高性价比的供应商，并用小米生态链的逻辑去和它们绑定，保证 99% 以上的商品全部为自己做 OEM① 的 PB② 等。

除了折扣店和百元店，还有一种模式也是专攻消费降级的典型——二手店。严格来讲，日本的二手行业开始于第一次石油危机之后。产能过剩的背景让很多二手企业解决了供应端不足且不稳定的难题，但在日本的供给侧改革成功后，市场重回消费升级，所以二手行业在 20 世纪七八十年代的发展一直都是不温不火的，直到 90 年代的经济危机才迎来行业发展的真正繁荣。

在只有线下模式的年代，日本二手行业初期只存在于跳蚤市场，规模化之后以 B2C 为主，品类以图书、家电、服装、奢侈品等商品使用生命周期长、易保值甚至升值的品类为主。但相比百元店和折扣店，二手业态要分散得多，即使是行业保持着近 10% 增长速度的今天，日本二手行业中规模最大的公司 GEO 年销售额也仅为 1000 多亿日元，是堂吉诃德体量的 1/5，是大创体量的 1/4，行业前 10 名企业的市场占有率总和常年不超过 20%。

线上模式开始导入后，以雅虎拍卖行为主的 C2C 二手交易平台开始兴起，其中也包括后起之秀 Mercari 等。但和线下相比，线上的 B2C/C2C 模式虽然增速更快但规模还是有较大差距，而且线上线下融合的模式开始成为主

---

① OEM，Original Equipment Manufacturer，是指委托厂商按照原厂的需求与授权，依特定条件而生产。

② Private Brand，指零售商的自有品牌商品。

流。以 Bookoff 为例，其 2018 年 800 亿日元的销售额中有 13% 来自线上。

为什么日本的二手行业难以做大？有以下几个原因：

第一，日本二手行业的爆发期分别出现在 20 世纪 90 年代的经济危机和 2008 年的雷曼危机，具有典型的逆周期特征，但行业在经济景气时，比如 20 世纪 80 年代和 21 世纪前 10 年出现增速减慢甚至萎缩（人们的消费倾向从二手转向一手，以及二手存量的消化），体现了其抗周期但不逆周期的特征。

第二，从价值链角度来看，二手行业本身供给端存在着较强的过季性、临时性、不标准化的特征，导致虽然需求端容易形成流量规模效应但难以在短期内转起正向的零售飞轮（图 2-5）。这从部分二手店的扩张速度上便可看出：目前行业排名前 5 的大黑屋，创立于 20 世纪 20 年代，至今有近 100 年历史，但其线下店也只有 26 家。

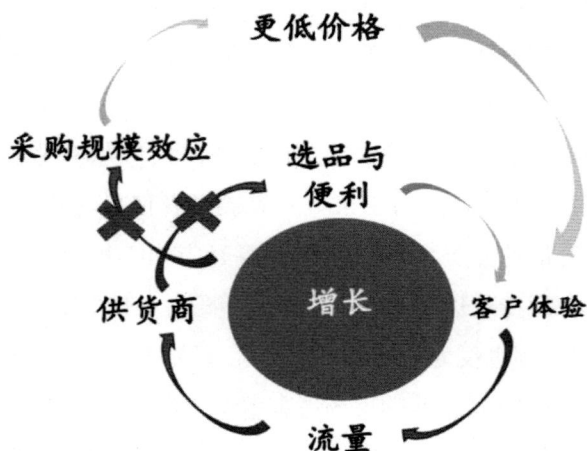

图 2-5　二手行业的价值链运转逻辑分析图

第三，二手行业中信用是流通货币，但行业受监管严格。二手行业的货品来源和去向都有一定的隐蔽性，因此货品本身的真假以及交易合法性需要被鉴定或证明。比如在日本二手商的每一笔进销存都需要定期到警察局进行备案，这使得二手行业的价值链更长也更复杂，难以规模化。

虽然二手行业难以做大，但不能否认其在经济下行时的优异表现。目前日本市场上拥有主流消费话语权的人以"80后"和"90后"为主，他们的消费观强调简约、理性、高性价比，对3R（Reuse，Rent和Repair）的接受度高，而二手恰好是满足这些需求的成熟解决方案。

还有一种模式也是专攻消费降级的典型——由品类杀手店进化而来的SPA模式。SPA（Specialty Retailer of Private Label Apparel），是一种从商品策划、制造到零售都整合起来的垂直整合销售形式，起源于服装品类，后被应用到其他如家居、眼镜、3C等品类。之所以起源于服装，一方面是因为"衣"作为人们的消费刚需在日本市场容量足够大，有上千亿元，在中国有上万亿元；另一方面是因为服装受时尚潮流影响大，是典型的季节性商品，同时又是刚需性商品，因此其预测难度大、销售周期短，很容易产生缺货和滞销品的积压。此外，服装供应链环节长，分工多，管理起来非常复杂。所以，SPA模式应运而生。

在GMS的繁荣年代，品类杀手店依靠高性价比和丰富的产品选择替代了GMS中的服装、家居用品等品类。但它的模式从本质上来说，也并没有把这两点优势做到极致，主要原因是：①大部分品类杀手店的品牌溢价依然很高，尤其是在20世纪80年代末的品牌大爆炸时期，市场上充斥着很多功能上华而不实的商品；②渠道和供应链没有实现真正打通；③渠道中依然有多层级加价的现象，等等。因此在80年代，以优衣库为代表的企业决定改革，以渠道为出发点统合上游供应链，来打通销售和生产的信息流。信息流打通后，价值链的优化就有了方向。在不断优化的过程中它们逐渐形成了以下几种核心能力：

研发能力：选品上选择不受潮流影响的标品，但这对产品的材质要求就上了一个台阶。因为基础功能性的提升往往需要更高的研发投入，但一旦研发成功，这种改变通常是革命性的。比如优衣库的摇粒绒。

生产能力：为了尽可能地降低供应链成本，对上游往往都是大批量地下订单，有的甚至直接包下工厂大部分生产线一年的产能。比如优衣库吃掉了其全球最大代工厂申洲国际近 20% 的产能，每次订单都是百万件级别的。

销售能力：订单规模越大，也意味着库存积压的风险就越高。所以，除了产品本身有竞争力外，渠道上也需要下很大的功夫。同样以优衣库为例，首先在选址上，大部分优衣库的门店都会开在较偏远的车站附近或者百货大楼的高楼层，以降低租金成本，但考虑到位置偏僻可能带来的流量短缺问题，优衣库又会在营销推广上下功夫，比如会雇用大量地推人员发放活动海报，在电车厢里打电视广告等，同时在门店管理上导入阿米巴模式，最大限度地激发一线员工工作潜力和积极性，等等。

品牌力：也可以称为信用力，无论 SPA 业态以多么便宜的价格进货，如果是粗制滥造的商品，消费者也不会埋单，所以通过定期推出高质量的商品赢得消费者的信赖，并让他们的口口相传形成好的口碑，也会给上游的制造商一颗定心丸。只有这样，整个业态才能维持稳定运转。

这几种能力，每一种单独拿出来实现都是有难度的，更何况 SPA 模式是把它们都统合起来形成了一套系统，其壁垒之深可想而知。当然，优衣库也不是在瞬间备齐上述所有能力的，大部分企业都是先从渠道能力切入，然后完善研发能力，再优化生产能力，最后才把品牌力给建设起来。除了优衣库，日本还有无印良品、宜得利、Adastria、Jins 等企业也是 SPA 模式。因为 SPA 模式企业补齐了低价格带里折扣店和百元店的品类空白，所以它们和百元店、折扣店一起，成为日本"失去的 20 年"里成长速度最快的零售业态。

便利店的燎原之势和迭代之路

在 20 世纪 80 年代，应该很少会有人想到在 1990—2020 年便利店业态会成为日本零售业中发展最好的一个业态（从规模和增速两个维度综合判断）。

毕竟和 GMS、百货店动辄百年的创业史比，便利店无论是从资源积累上还是从对消费者心智的占领上，都是有点不足的。

在日本便利店行业呈现一种三足鼎立的状态——7-ELEVEn、全家、罗森。由截至 2019 年 2 月的市场份额占比情况来看，如果以门店数计算，7-E-LEVEn 为 35.8%，全家为 28.2%，罗森为 25.1%；如果以销售额计算，7-E-LEVEn 为 40.6%，全家为 24.6%，罗森为 18.6%①。显然，7-ELEVEn 是业内当之无愧的龙头，它的一举一动往往也是行业的风向标。所以，我们接下来就着重拆解 7-ELEVEn 在不同阶段战略侧重点发生的变化，来看日本便利店行业为什么能在"失去的 20 年"中成功登顶。

从 7-ELEVEn 的发展看日本便利店行业从 1.0 到 3.0 的迭代

在创业时期 7-ELEVEn 把自己的口号设定为"近くて，便利"，意思为因为近所以便利。后来这句话被设计成横幅，挂在每一家 7-ELEVEn 的店头几十载都没有变过。可以说，这是 7-ELEVEn 的使命，因此 7-ELEVEn 的战略也是围绕它来打造的。

7-ELEVEn 的发展史可以被分成 3 个阶段，每个阶段的战略侧重点各不相同，分别是：

1.0 阶段：不做管控做速度，核心是满足时间和距离上的便利

创业之初，7-ELEVEn 所面临的行业需求是日本正处在消费升级的环境里，具体表现有上班族变多，并且他们的生活节奏越来越快，夜生活开始丰富。基于此，7-ELEVEn 打的是时间上的便利牌，即把店开成 24 小时营业。

当然，仅实现时间上的便利是不够的，还要实现距离上的便利。为此，7-ELEVEn 导入了 A 类和 C 类加盟制度，借助小 B 的资源迅速提高门店的密度（表 2-1）。

---

① 摘取各家 2019 年年报数据统计。

表 2-1 7-ELEVEn 门店加盟制度

项目	A 类型	C 类型
合约时长	15 年	15 年
土地所有权	加盟方	7-ELEVEn
水电费	总部承担：80% 加盟方承担：20%	总部承担：80% 加盟方承担：20%
不良品费用	总部承担：15% 成本	总部承担：15% 成本
加盟费	307.5 万日元	255 万日元
7-ELEVEn 特许费/月	销售毛利×43%	销售毛利×(50%—70%)
最低收入保障	190 万日元/年	170 万日元/年

在早期对待加盟合作的思想上，7-ELEVEn 加盟制的核心不在于对门店有多强的管控，而是尽可能降低合作门槛，力求达到最快的扩张速度。在管理架构设计上，为了快速应对市场变化，7-ELEVEn 形成了总部—区域—门店的三层扁平架构。其中总部主要承担商品开发、供应链管理、物流配送、店铺运营和规划、营销推广和财务管理等工作，区域负责门店指导、协助商品开发和集团策略传达执行等工作，门店负责销售计划制订和执行、下单等工作。从分工来看，7-ELEVEn 追求的是最大赋能，把自己定位为加盟店的助手而非管理者。与此同时，为了提高供应链效率，它一开始也导入了共同配送的制度。

当时因为各区域的供应商的商品采购能力存在差距，伴随着门店数量快速增长，供应链压力也随之变大。一些有实力的供应商选择自建物流网络，所以当时每天给一家店铺供货的卡车数量有 70 余辆，资源浪费严重。对此，7-ELEVEn 采取的策略是针对不同品类对供应商进行划分并整合，在每个配送类型内对配送进行一元化管理，并将店铺进行分组，比如以前有 4 家牛奶供应商分别用 4 辆车给东京东部区域的所有门店供货，现在 7-ELEVEn 会把它们统一起来，只安排一辆车专门负责给东京东部区域的所有门店供应牛奶。这样一来，装载效率得到提高，节省下来的采购和物流成本也会被投入到商品力的强化和门店毛利的改善中去（图2-6）。

送货车辆数量（1店铺/每天）的变化

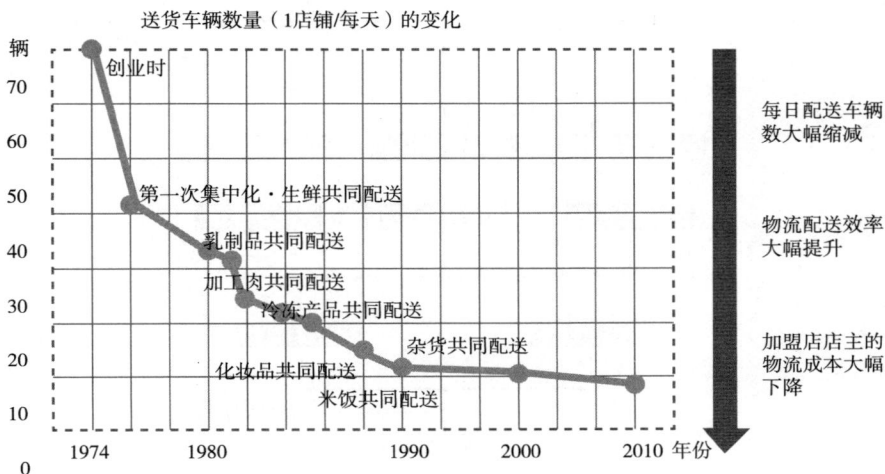

图 2-6 7-ELEVEn 导入共同配送后的成果

伴随着门店快速扩张诞生的另一个创新模式为 7-ELEVEn 的 OFC 制度（图 2-7）。其实很好理解，门店的快速扩张势必引起管理上的粗放。因此，务必需要人去做好加盟商和总部之间的连接。OFC 相当于社区门店经理，每周会去 7-ELEVEn 各门店巡店，为门店提供管理咨询服务，并负责总部方案的落地与现场的支撑管理，同时也向总部反映各门店的情况。

在此基础上，7-ELEVEn 早期还非常重视信息系统的开发，所以在当时日本差异化消费社会的趋势下，导入了 POS 系统升级整个门店。这就是日本便利店的概念，也是 7-ELEVEn 的 1.0 版本。

2.0 阶段：不断导入生活周边服务，核心是商品和服务上的便利

进入 20 世纪 90 年代，经济危机重创了人们的消费能力，为了能持续不断地把高性价比的商品提供给消费者，让消费者安心、放心，7-ELEVEn 在这个阶段大力发展自有品牌，来优化整体商品的毛利结构。当时主打三个定位：高端日常（7-GOLD）、生活方式（7-LIFESTYLE）和高性价比（7-PREMIUM）（图 2-8）。7-ELEVEn 通过和自己渠道里的工厂合作，主要发力生鲜熟

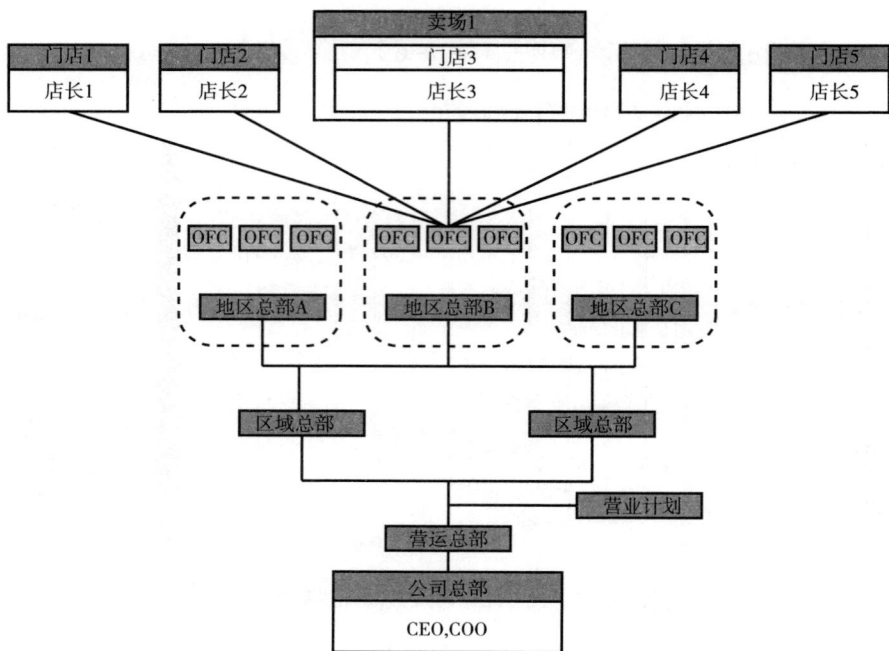

图 2-7　7-ELEVEn 的 OFC 制度管理模式

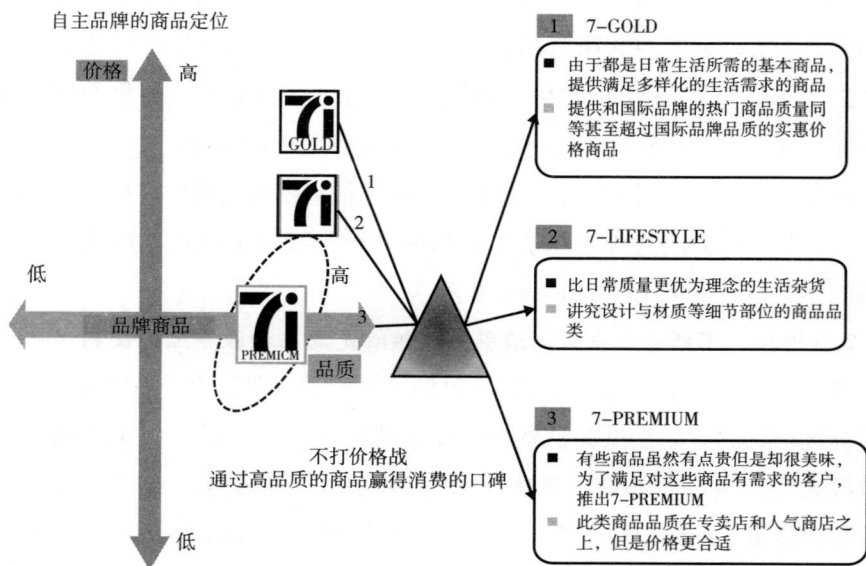

图 2-8　7-ELEVEn 的商品定位

食，这块利润也是最高的。

在商品研发层面，7-ELEVEn 有着相当严苛的选品标准，其商品开发的主要职能在总部的商品本部，一年规划上千种产品，通过严格筛选最终只会有很少的部分在店头进行销售。以 7-ELEVEn 上架的某款饮料为例，日本总部会根据市场环境、顾客需求和销售渠道的数据反馈，在饮料品类中先开发出约 1050 种新品；此后，商品部会通过对商品的季节性、话题性和畅销 & 滞销分析、销售趋势分析、采购条件分析等方式筛选出约 250 种商品；而门店则会基于自己的顾客层分析、品类管理评价最终挑选出约 90 种。对商品的精致打磨使得 7-ELEVEn 虽然只拥有区区几千的 SKU 数量，却常常出爆品，所以公司整体销售额并不低于拥有上万 SKU 的 GMS 企业。

在泡沫经济时期，日本很多小零售商慢慢倒闭，社会开始出现不安、不便和不满的情绪。7-ELEVEn 根据顾客的需求和痛点，开始不断导入生活周边服务，比如 ATM 服务、洗衣服务、咖啡服务、便餐服务、上网服务等。当时，无论是年逾花甲的老人，还是埋头打拼的中年大叔，或是职场失意的年轻人，晚上都会把 7-ELEVEn 当成生活和工作的加油站，累的时候就走进去坐在吧台旁安静地喝上一杯，听几首歌，饿的时候就点一份马上能热好的便当，然后再回到现实生活里。各种软服务的导入，使得人们对 7-ELEVEn 的依赖从物质层面上升到了精神层面。

通过前两个阶段，我们发现 7-ELEVEn 的整个供应链越来越像高端制造业的价值链。7-ELEVEn 对于门店和运营基本是不控的，但是通过六次系统的升级，将门店的数据价值发挥到最大，然后将更多精力放在市场洞察和商品研发上，沉淀出多个模块化的供应链能力赋能给小 B（图 2-9）。

在此基础上，7-ELEVEn 慢慢地摆脱了传统零售商的定位，其商业模式也变得极具延展性。

3.0 阶段：从门店走出去，做便利店的全渠道

自 2010 年开始，日本的人口开始出现负增长。为了和顾客形成更多的连

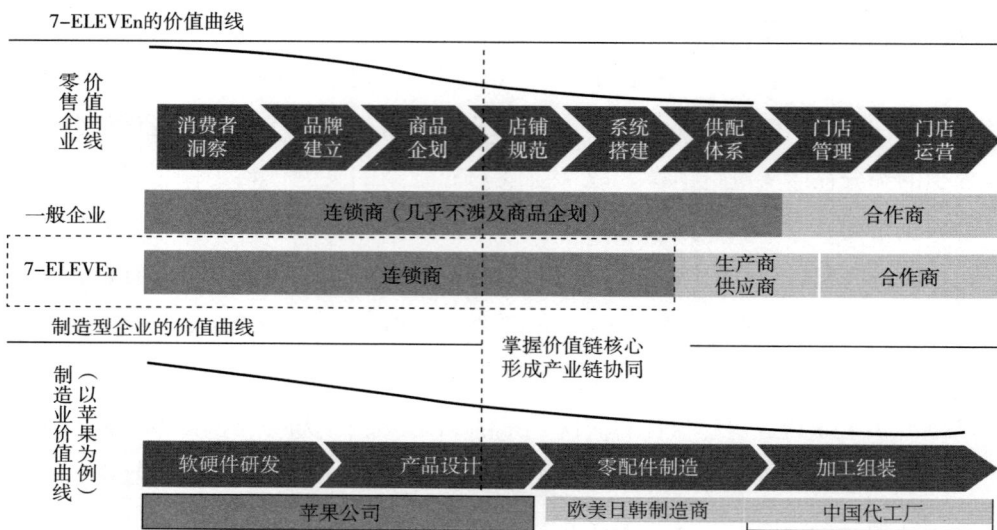

图 2-9 7-ELEVEn 商业模式迭代逻辑

接，7-ELEVEn 于 2014 年开启了自己的全渠道（Omni Channel）的业务。如果想实现线上与线下的融合，就需要有线上线下密度非常高的货和场，同时实现与顾客的高频对接。为了实现这一目标，7-ELEVEn 在 2005 年时便与日本的伊藤洋华堂、美国 Denny's 成立控股公司 7&i。

通过不断并购和整合，目前 7&i 已经拥有了各种各样的零售业务，包括便利店（7-ELEVEn）、GMS（伊藤洋华堂）、杂货店（Loft）[1]，以及各种专门店（赤ちゃん本铺）[2]。除此之外，7&i 还拥有自己的支付系统和银行（图 2-10）。通过这种形式，7-ELEVEn 在线上和线下实现了人、货、场的高密度铺设和连接。

---

[1] Loft：日本杂货店渠道品牌，成立于 1996 年，2019 年销售额为 1199 亿日元，在全球共拥有 124 家门店（截至 2020 年 2 月时点）。

[2] 赤ちゃん本铺：日本母婴赛道渠道品牌，成立于 1932 年，2007 年被并入 7&i，2019 年销售额为 967 亿日元，在全球共拥有 118 家门店（截至 2020 年 2 月时点）。

便利店业务

7-ELEVEn Japan
7-ELEVEn Hawaii
7-ELEVEn北京有限公司

（子公司82家、关联公司
7家）

百货店业务

（株）SOGO·西武
（子公司5家、关联公司
3家）

专卖店业务

（株）Akaohan本铺
（株）Loft
（子公司19家、关联公司
5家）

SM业务

（株）伊藤洋华堂
（株）York Benimaru
（株）York Mart
（子公司21家、关联公司
5家）

其他业务

（株）7&1资产管理
（株）7&1新媒体
（株）7&1出版
（子公司8家、关联公司
4家）

金融业务

（株）Seven银行
（株）Seven金融服务
（株）Seven卡务中心
（子公司9家）

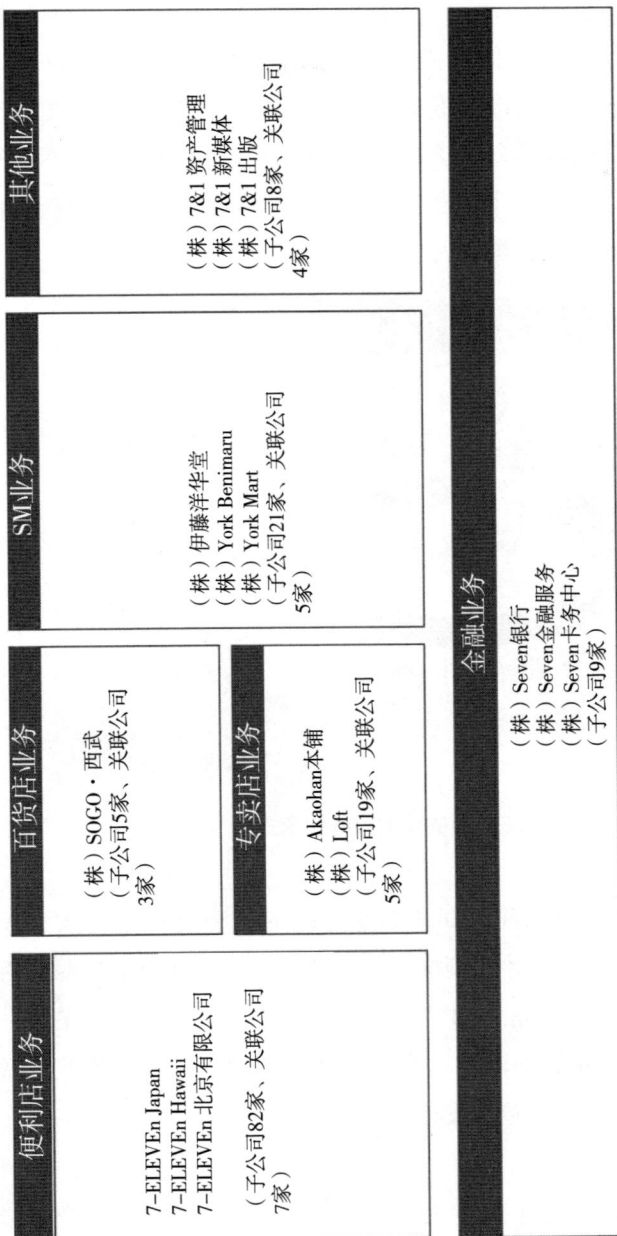

图2-10 7&i集团主要业务组成①

———

① 资料来源于7&i集团财报（2019）

这两年，7-ELEVEn 还推出全新线上平台 Omni7 和 Omni Mall。其实不仅是自己的零售渠道，包括优衣库、宜得利这样的企业，都在利用 7-ELEVEn 线下的 2 万多家门店与自己线上的货和场形成连接，来进行线上线下融合的尝试（图 2-11）。只要是 7&i 体系的，无论是西武百货店、Denny's 餐厅，还是伊藤洋华堂卖场的商品，只要线上下单，购买的东西会在第二天被送到顾客指定的门店，或者由 7-ELEVEn 兼职人员直接送到顾客手中。

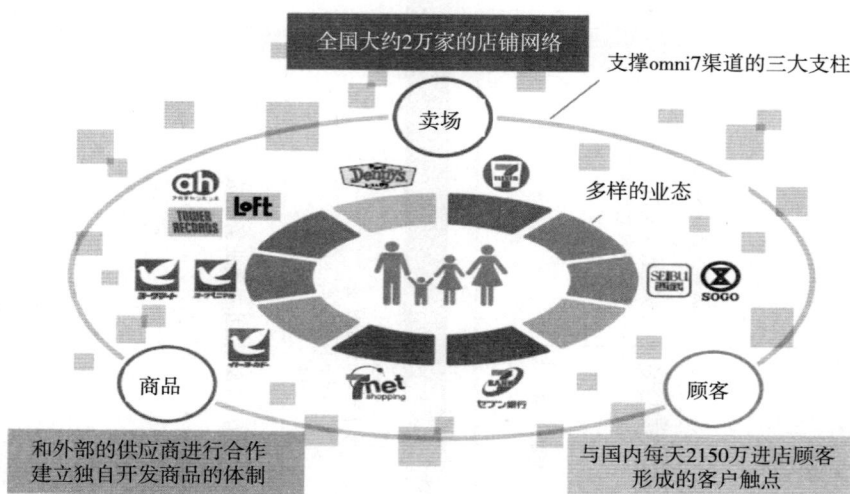

图 2-11　7-ELEVEn 的全渠道商业模式

相比 7-ELEVEn，全家和罗森在 1.0 和 2.0 阶段的战略上并没有太大差异，直到 3.0 阶段，三者在战略上才体现出明显的区别，比如罗森通过收购百元店 "SHOP99" 并改名 "罗森 Store 100"，开辟了自己的性价比业态条线；全家选择不再沿袭 7-ELEVEn 的全渠道打法，转而专注线下，和众多业态做跨界尝试，这里分享一些有意思的跨界案例。

1. 全家+药妆店

全家+药妆店是一种新的业态（图 2-12）。我们知道药妆店是日本线下零售增速最快的业态，并且随着人口老龄化的加剧，药妆店开始逐渐朝小型化、生活服务中心、健康咨询中心的方向转变。因此，大家有一个共识，即"便利店+药妆店"是未来日本零售业里主导的业态。

全家

店铺简介
开店杳间：2016年2月27日
门店地址：新潟县十日町市中条已2949番地
营业时间：24小时
店铺面积：150平方米

店铺特点
· 店内设置处方药专属区域柜台和结算区域，配备专业药剂师
· 将药剂师的驻在时间延长到24小时，并提供健康咨询服务
· 品上主打便利店的优势品类生鲜熟食，提供生活周边服务，结合药妆店销售占比高的热门品类口腔护理产品、护发产品、家用洗剂、家用纸、健康食品等

图2-12　全家+药妆店的融合业态

在日本卖药妆需要有资格证，所以要请专业的药剂师。但如果药剂师每天6点钟就下班，则无法满足6点之后的购药需求。因此，为了让这笔生意更加经济，全家选择将药剂师的驻在时间延长到24小时，并且提供健康咨询服务。同时，因为药妆是特别杂的品类，并且与便利店主打的高频、高需、生鲜、熟食的品类逻辑相悖，因此选择在便利店内设置处方药的专属区域柜台和结算区域。

2. 全家+茑屋书店

第二种是全家和茑屋书店结合的业态（图2-13）。虽然大家讲茑屋书店是日本新零售的尝试，但其实像茑屋书店这种生活方式类业态在日本有很多。

全家开了一家24小时营业的茑屋书店，整个店1000多平方米，其中全家170平方米，茑屋书店830平方米。通过把茑屋书店的生活方式概念融入进

去，你可以在全家买一杯咖啡，然后拿着咖啡到茑屋书店的休息室里读。

店铺简介
开店时间：2018年9月13日
门店地址：福山市三吉町5丁目1–5
营业时间：24小时
店铺面积：1000平方米，其中全家170平方米
　　　　　茑屋书店830平方米

店铺特点
· 将一般茑屋书店的运营时间延长到24小时
· 设有休息室，共有25个座位，备有Wi–Fi，买上一杯Famima Cafe，未结算的书籍可拿到休息室阅读
· 具有格调和品位的灯光照明，可以租借DVD、CD、书籍等
· 全家内设有茑屋书店的专用结算柜台
· 租借的书籍可在指定的其他9家茑屋书店归还

图 2-13　全家+茑屋书店的融合业态

3. 全家+生鲜店

第三种是全家和生鲜店的结合业态（图2-14）。通常便利店不像菜市场那样，有一个很大的做生鲜的卖场。

店铺简介
门店地址：爱媛县東温市北野田字平松345
营业时间：24小时
店铺面积：500平方米
商品数：3300

店铺特点
· 将门店面积扩大为一般便利店的5倍，大幅增加了生鲜和肉制品的销售区，运营时间扩大到24小时，全年无休，吸引更多20—40岁人群
· 从当地农户手中直采农产品，全家主要提供生鲜熟食，提供生活周边服务

图 2-14　全家+生鲜店的融合业态

所以这种尝试特别奇特，这家店开了 500 平方米，面积是一般店的 5 倍，同时在里面增加了生鲜和肉制品的销售区，将运营时间扩大到 24 小时，全年无休。另外，这些生鲜是从当地农户手中直采的农产品。

笼罩在亚马逊阴影下的日本电商行业

线下零售业态的蓬勃发展让人们都快忘了日本电商企业的存在。作为零售渠道的延展模式之一，电商在日本发展之初并没有受到线下零售巨头的重视。一方面是因为经济危机导致的企业对于 ICT 行业投资过于稀少，另一方面是日本线下业态已经发展得相当成熟。所以，日本第一批做电商的人反而是新互联网人而非传统零售人，这一点和中国很像。

电商在日本的发展可以分为四个阶段：黎明期（1996—2000 年），第一次成长期（2001—2005 年），第二次成长期（2007—2009 年），第三次成长期（2010—？）。电商行业的大事件参考表 2-2。

黎明期（1996—2000 年）

1996 年，随着 ICT 技术的成熟和 PC 互联网的普及，日本第一家线上 B2C 网站乐天开业。随后在 1999 年，B2C 网站 Yahoo!Shopping 和其线上拍卖行 Yahoo!Auction 也相继上线。从时间上来看，日本的电商行业和中美两国几乎是同时开启，但 2000 年的互联网泡沫导致很多电商公司倒闭，行业进入休整阶段。2000 年美国电商巨头亚马逊进入日本，但当时的亚马逊还是以卖书为主。与亚马逊同时进入日本的还有谷歌。

第一次成长期（2001—2005 年）

IT 泡沫的影响很快过去。随着电商网站的使用者越来越多，消费者和商家之间的权益纠纷也越来越多，比如误下单、下错数量等。为了保护消费者利益，日本不断出台法律规范了电商行业准则，2001 年电子消费者契约法开始实施，2005 年个人情报保护法的推出使得人们对电商的信赖度开始提升。同年，亚马逊日本开启 Amazon Market Place 服务，让商家可以在网站上自主开店。

表 2-2　日本电商行业大事件汇总①

年份	事件
1996	日本第一家线上 B2C 网站"乐天"开业
1997	乐天超市 Auction 开业,味之素、小林制药、Yodobashi Camera 等企业开启线上业务
1998	佐川物流开始宅配业务
1999	Yahoo！Shoping、Yahoo！Auction 同时上线
2000	Amazon 进入日本,品类以书为主。IT 泡沫
2001	电子消费者契约法实行
2002	Amazon Market Place 开始服务
2004	ZOZOTOWIN 网站上线
2005	个人情报保护法实行,乐天进入多融行业,收购 KG card,发行乐天信用卡
2007	iPhone 进入日本,乐天实现 5000 亿日元 GMV
2007	Amazon 推出会员项目 Amazon Prime
2008	Amazon 自建履约设施,GMV 突破 1 兆日元
2009	Amazon 推出当日达配送服务,乐天推出次日达配送服务
2010	Amazon 推出全国次日达服务,推出配送时间指定服务
2011	Facebook 进入 EC 领域,乐天和 Facebook 在社交媒体上展开合作
2011	乐天 GMV 突破 1 兆日元,创业 14 年店铺数突破 3.8 万家
2012	乐天公司实行全公司英文办公化
2013	Yahoo！Shopping 推出零成本开店服务,不收取开店手续费转而收取广告费用
2014	乐天并购 Viber,开始尝试 O2O 业务,合并自身旅游 site 业务
2014	Amazon 开始提供 Amazon Mastercard 服务,上线 Amazon coin,开始提供到店受理次日配送服务
2015	Amazon Pay 上线,面向 prime 会员的 2 小时闪送服务上线,开启 Amazon 的年狂欢日 Amazon Day
2015	乐天金融业务开始出海
2016	Amazon 推出东京 23 区 1 小时内可达的闪送服务
2017	乐天进入农业领域、教育领域、民宿领域,乐天积分累计突破 1 兆
2017	Amazon 上线面向会员的生鲜当日配送业务,上线 Amazon Echo 和 Amazon Alexa
2018	乐天收购二手交易网站 Feblic,强化 C2C 领域
2018	雅虎和软银共同成立手机支付公司 PayPay
2019	ZOZOTOWN 被雅虎合并
2019	Amazon 在日本推出黑色星期五,并在家居美妆等品类导入 AI、AR 技术
2019	乐天持续进行组织内公司架构调整,吸收合并乐天 Direct,收购台湾棒球队
2019	雅虎更名"Z Holdings",进行组织内公司架构调整

---

① 基于各大公司财报及公开披露信息整理。

第二次成长期（2007—2009 年）

这个阶段的主要驱动因素就是 2007 年 iPhone 的发布。以 iPhone 为代表的智能手机的普及使得人们的线上购物终端从 PC 端转移到移动端，极大提升了电商的用户基数，和他们的购物便利性。到了 2009 年，随着亚马逊日本把 B2C 和 C2C 的履约环节包下后，人们在亚马逊上购买的商品大部分可实现当日下单当日送达。为了追赶亚马逊的脚步，乐天也紧跟着把物流时效提升到当天下单次日送达。

第三次成长期（2010—？ ）

移动互联网时代的到来极大地改变了人们接收信息的方式。很多电商公司也抓住了这一机会，准备把年轻人和老用户从以前的渠道里洗出来。比如随着社交媒体 Facebook、Instagram 和 Twitter 的普及，很多公司开始利用这些渠道来建立私域流量，开展市场活动等。同时它们也会针对新的移动终端制作自己的 App、移动版网页、宣传页等。

为了进一步达成全民电商的愿景，2013 年雅虎决定免除商家在 Yahoo! Shopping 网站上开店的所有手续费，这一举措对行业产生了很大的影响，意味着行业竞争进入了白热化。

看到这里大家肯定会有疑问，为什么在此之前，日本的消费零售行业基本看不见一家外资企业，而到了移动互联网时代，无论是内容流量端还是零售渠道端，头部基本都被外资企业占领？

早年做手机的人都知道，日本是世界上第一个商业运营 3G 网络的国家，2000 年左右，在大部分中国人还把手机作为打电话和发短信的工具的时候，日本的功能手机就已经可以看新闻，用手机钱包，下载音乐，玩游戏，看电视和坐地铁了，日本满大街都是当时还很时髦的二维码。

远在苹果做手机以前，日本的 NTT DOCOMO 的 i-mode 就已经是一个网络服务—终端—平台—业务—渠道的完美封闭体系了。这是一套和苹果的 App

Store+iPhone 体系高度相似的封闭体系①。

　　然而在 2008 年，当智能手机被引入日本后，日本原有的以运营商体系为中心的移动互联网格局被深刻颠覆，这和发生在中国的事情非常类似（腾讯和三大通信运营商的恩怨）。当时在日本称为"黑船事件"。

　　后来和中国不同的地方在于，在日本尚未出现自己的头部内容流量企业之前，谷歌、苹果、Facebook、亚马逊、Instagram 等公司（GAFAI）已经稳稳地占据了日本市场，这也一定程度抑制了日本发展自己的强势内容流量渠道。人们接受信息的渠道发生了改变，那对于零售渠道来说自然也得做出相应变化，但这一变化依然不是由日本企业发起。在电商领域，亚马逊虽然进入日本时间较晚，却最终形成了逐渐能够压倒日本本土第一电商企业乐天的竞争优势。

　　乐天在日本的战略和阿里在中国的战略较为接近，同为 C2C 模式，其战略核心都是围绕流量打造基于其基础设施的生态，方式上以对外并购为主，强调实现生态闭环。但随着近些年对于闭环的过于执着，乐天的动作开始变形，常常被批评不专注于主业。比如近两年，乐天把通信业务列为集团发展的第四大重点战略，在其电商业务尚未能形成对亚马逊的优势之前（乐天的电商业务在 2019 年处于亏损状态，其中对于物流基础设施的投资升高是造成亏损的主要原因，而这一举措主要是为了应对亚马逊日本在物流体验上对乐天的领先），进一步分散集团资源（表 2-3）。在通信业务上，乐天并没有选择和日本的三大通信运营商深度合作，而是选择投入大量资源从最基本的通信基站开始搭建。但从服务质量和能力上来看，目前乐天大幅落后于日本三大通信运营商。从 4G 基站数量来看，截至 2020 年 3 月，Docomo 为 202400 个，而乐天仅有 3300 个，并预计于 2026 年 3 月建成 27397 个基站；从通信速度来看，乐天目前借用 AU 回线地区速度为 2G。由此可见，乐天的基本面相当不乐观。

_____

① 资料来源于野村综合研究所所著的《移动的帝国——日本移动互联网兴衰启示录》。

表 2-3　乐天和亚马逊的竞争分析①

比较项目	乐天	亚马逊
商业理念	乐天经济圈	世界最大的商品市场
市值	1 兆日元左右	100 兆日元左右
由来	IPO 后	美国总部分支事业扩展
商业模式	店铺模式	自营贩卖
模式出发点	基于用户	基于市场
战略伙伴	开店者	物流公司,供应商
核心能力	店铺运营,流量营销,业务扩展	商品供应链管理,物流管理
价值提案	基于用户生命周期提供服务	基于购物便利性提供服务
利益构造	不同业务间的协同,流量增加业务边界变广,边际成本增加	随着供链和物流基础设施的不断投资,边际成本不断递减
事业风险	为了强行形成生态闭环而盲目投资扩张,导致主业优势被削弱	难以在众多创新型业务中获取先发优势
其他	在日本本土更强的民族向心力	政策优势(低企业税)

相比乐天,亚马逊日本则从容许多。亚马逊日本在日本的定位十分清晰,从 B2C 业务开始,其一切战略业务延展皆是围绕着货——产品和履约供应链能力展开,且在业务扩张层面相当保守。随着沉淀下来的用户和数据不断变多,亚马逊日本开始把美国总部的中台能力嫁接过来,如大数据、AI、AR、物流配送管理等。因为美国在电商发展阶段上相对日本有所领先,因此亚马逊在电商业务的硬件能力上始终能够领先乐天一个段位。

虽然亚马逊在日本一路高歌猛进,但整体来看,日本的电商行业规模和

①　信息来源于日本乐天财报、亚马逊日本网站,《楽天とアマゾンの成長戦略の比較》(乐天和亚马逊的成长战略比较)。

增速都并不算快（2010—2019 年年复合增长率为 11%①左右），比中国和美国都要慢上 1—2 个阶段。究其原因主要有以下几点：

1. 线上线下模式在早期的水火不相容

对于很多电商公司的崛起，日本传统线下零售渠道并没有做出太多举动。诚然，大家都承认在老龄化背景下，电商可以解决线下商品丰富度不足和价格高的问题，有着密集线下点位和完备物流系统的线下渠道公司可以解决最后一公里的问题，而且大家也都认同未来的终局一定是两者结合的发展模式。

但实际情况却是，电商公司早期发展为了拿到流量和资本的支持，常常会否定线下渠道在新时代的潜在结构性红利，两者呈对抗形态②。同样，成功的传统零售企业在看待互联网时的态度也较为消极，大部分人都认为互联网本质上是一种提升效率的工具，是升级的方向之一，而非必要的转型选择。

对于电商企业来讲，若选择自建线下渠道，无论是物流还是实体店，都意味着长期的固定资产投入。在中国，京东通过这条道路获得了成功，但日本的资本市场并不相信"携流量以令诸侯"的故事。而线下渠道公司这边，大家也确实看到了电商行业增速显著高于其他零售业态，纷纷成立了相关事业部尝试从线下朝线上走。但和很多动辄 20% 的净利率、扩张不计成本的电商平台公司相比，净利率只有不到 5% 的线下渠道公司在业务扩张上尤为谨慎③，所以常常是雷声大雨点小。此外，电商业务会对原有线下主营业务产生冲击，需要壮士断腕的变革勇气，这种从战略到组织结构的巨大调整，对于大到难以转身的巨头来讲阻力重重，因此改革也很难顺利推进。

2. 线下渠道过于发达，早期变相削弱了线上模式的竞争力

也许有人会说，中国和美国都曾遇到过线上线下模式在早期水火不相容

① 数据来源于日本经济产业省于 2019 年发布的日本通信产业白皮书。

② 在中国的二线及以下城市，自 2005 年电商开始普及后，大型综合商超业态的发展开始进入冰河期，当电商行业发展进入下半场后，以阿里、京东为首的电商巨头开始收编没落的线下零售巨头，如高鑫、银泰、国美等。

③ 电商模式的参照企业以阿里巴巴为主，线下零售渠道模式的参照以 7-ELEVEn 为主。

的问题，而且最后都是线上占据强势地位，然后开始整合上一代线下零售企业。日本为什么不行？

其实相比线上，日本线下零售渠道发展得过于繁荣，虽然日本在众多模式上也是师承美国，但最后都靠自己反超美国做成了世界第一。

在中国和美国，电商早期都是通过打效率、成本、用户体验三张牌来抢线下零售商流量的。但在日本，这三者并没有占到什么优势，甚至某种情况下是处于劣势地位的。比如效率，亚马逊日本可以做到当日下单当日到达，但对于很早就可以做到全国大部分地区 3 分钟/300 米覆盖的便利店来说，这已经不是决定性的优势。比如成本，先看配送成本，随着老龄化程度加深，日本的人力成本开始越来越高，配送员的年龄结构中 40 岁以上人数占比为普通 & 小型车 41.8%，大型车 78.9%，每单配送费用为 30—40 元人民币，是日本平均小时工资的 1/2，也远高于国内。我们再看商品成本，电商的优势在于去掉所有中间商赚差价，厂家直接对接平台再给到消费者，但相比日本很多已经形成供应链端到端整合的渠道品牌来说，也没有优势。比如用户体验，无疑是线下更占优势。此外，还有一些用户习惯的问题，比如爱用现金而非移动支付，很多年纪稍大的人依然在使用翻盖折叠的非智能手机等。

因此，电商在日本发展过程中受到的阻力是要大于中国和美国的。这也注定了日本的线上业态基本上还是起到"一站式购物"和解决品类稀缺的作用，来和线下便利店明显区隔开，所以生鲜电商也基本没戏。

第 7 章
"场"底层的变与不变

"三方よし"（三方互益）原则对"场"的长期发展的重要性

以上，通过列举大量事实和观点，我们分析了近100年的时间跨度中，日本消费零售场的规则和形态变化。虽然我很希望能在其中找到打败时间的常胜模式，但很遗憾在商业经营的"术"层面并没有找到答案，仅是发现了一些特定条件下的发展规律。因此，我尝试通过社会科学，比如哲学的角度去提炼，最终受日本一家百年企业伊藤忠的家训启发，找到了一些解法。

几千年来，无论在世界上的哪个地方，都会存在两样东西：一个是宗教，另一个是集市。从佛教自唐代传入日本以后，其崇尚的利他理念便深刻地植入了其整个民族的衣食住行里（和更早传入日本的儒教所崇尚的"仁爱"异曲同工）。伊藤忠的初代创始人当时便是虔诚的佛教徒，其秉持"做生意不应以单纯利用信息不对称赚钱这种纯利己行为为目的，而是要以服务他人，奉献自己的利他精神为核心"，在行商的过程中将其发扬光大。诚然，让所有价值链参与者都获益，虽然牺牲了伊藤忠自身的短期利益，但实现了以伊藤忠为核心的价值链的整体规则自洽，这会使得企业在面临困境时拥有强大的价值链聚合力和号召力，顺利穿越危机。

最终，这一理念被他完善并形成了一套和商业世界高度匹配的行为准则，即任何生意的出发点，至少要站在对买方、卖方、社会都有益的前提之下，这就是至今依然写在伊藤忠的每一份对外年报里的"三方よし"原则。

但这一原则并非伊藤忠一家独创，我们此前提到日本有着数量众多的百年甚至千年企业，"三方よし"更像是一种由民族传承的文化信仰形成的，一种在政治体制之上的不成文的社会规则。

这里，我尝试把对这一原则的解释在人货场的关系里进一步具象化，基于此前的定义，场需要达成媒介和赋能这两个使命，且后者是场在自身存活的前提下，成功成为媒介后的进阶使命。这一定义的成立在"三方よし"原则下被证明，现在我们可以把它形容得更接近消费一点：

"对于场的存续，短期来说目标是实现模式的规则自洽，即以自身存活为前提（正现金流），创造一种连接人和货的方式；中期来说是实现短期目标的连续性；长期来说是建立上下游和社会对自身的长期信任，进行利他式价值创造。"

看到这个结论各位可能会觉得太社会科学了，因为它站在了一个更宏观的思考维度上，好处在于它可以解释所有日本消费社会演变史中人货场的变化关系。

从上面的百年演变史中，我们发现场的高死亡率主要源于人和货加速变化导致的跃迁失败。从方式上来看，人和货存在变化的先后顺序。在日本，这一顺序改变的分界点在1974年的石油危机附近，在此之前货是自变量，人是因变量，在此之后人是自变量，货是因变量。但无论是人还是货先发生变化，场在这一阶段都是以适应人或货的变化为主，不会自行发生变化。但长久下去，因为人或货新的变化无法在原有的场内实现规则自洽，场的连接效率会不断变低，混乱程度不断增加，如果此时场无法把剩余的能量正确释放到新的人货连接结构里，那么只会有一种可能性：朝着熵增后的自我毁灭发展①。

---

① 熵增定律：热力学第二定律，"熵"指的是事物的混乱/无序程度。在孤立系统中，熵是不断增加的，当熵达到最大值时，系统会出现严重混乱，最后走向死亡。

拿 GMS 业态的企业来说，它的繁荣是以货——工业化转型完成，制造业发展成熟为起点，在人——人均收入提升，步入中流社会的条件达到后出现的场。而新人类出现后开始追求差异化和便利性，于是出现了人货场的第一次不匹配。包括新人类之后的各世代，至少在遭遇 90 年代的经济危机之前，人们对于差异化的追求一直是主流需求。但要想满足人们越来越细分专业的需求，GMS 业态需要把每一个品类做得更加专业和精细，并在自己上万平方米的大店里开上百个细分品类的专卖店，这无疑相当于让大象跳舞。所以很多供应商便优先于 GMS 进行改变，深度耕耘自己所在的细分品类，丰富SKU，实现了新的人货在原有场内的匹配。

但这无法从根本上解决问题，如果两者继续把 GMS 当成连接媒介，GMS的原有盈利模式就会被破坏，比如坪效变低，去 GMS 购物的新人群越来越少。这样一来，从满足人的需求角度上讲，货的变革动力和能力会越来越不足，新的改变将必须由场来发起。

这时有些供应商便选择下场自起炉灶，在构筑起了独立的产品设计、渠道运营等 2C 能力后，开始自建渠道，于是品类杀手店问世。然而，创造一个新的场域需要庞大的资源付出，也必须背负着更高的风险，而且品类杀手店做成功一个渠道品牌的可能性也并不大。比如日本的服装行业，头部非常集中，优衣库常年占据超过 20% 的市场份额，而其他大量服装类品类杀手店都死在了并不擅长的渠道运营上。

因此，基于公司原有的基因进行价值创造就显得格外重要。对于 GMS 本身来说，如果其转型过程中长期坚持着对人和货的有利关系，便可以换来人和货对场源的长期心智占领，只要场源不变，这种信任关系便可以带着人和货进行迁移，然后在新的场域里实现新的自洽平衡（即使在初期，场在规则上无法实现整体自洽）。

比如之前提到的西友。在遇到人货不匹配的情况后，西友决定挑选一部分品类出来做自有品牌开发，以消费者需求为起点，自己把控从选品、设计到生产、销售的大部分流程，于是无印良品便以西友自有品牌部门的形式诞生。但对于消费者来说，无印良品起初只是一个LOGO+实体店铺组成的品牌符号，对它是没有信任和感情可言的。而西友要做的，就是把消费者对自己的信任转移到无印良品身上。

为了让新的场域快速成长，西友早期为它输送了大量原场源的能量，比如把无印良品的品牌商品放置于商场流量最高的位置，让大牌设计师来站台助其破圈，给无印良品匹配最好的供应商等。在这样的援助下，无印良品虽然是个创新业务，但却是站在巨人的肩膀上创新，成功率自然高了很多。而西友之所以能这么做，也是因为在此前的几十年里它在人和货中积累了大量的信任。

这样一来，新的一波人和货在新的场里实现了预匹配。1989年，无印良品从西友分拆，90年代，依靠SPA模式主打性价比策略，无印良品在经济下行期顺应人们消费降级的需求飞速发展，这也标志着人和货对西友的信任被无损地转移到了无印良品身上。

但并非所有的场在进行模式跃迁和信任迁移时都能像西友这般顺利。如果新的场在很长的一段时间内都无法实现整体规则自洽，即使它的模式是以利他式的价值创造为导向，最终也难逃新旧场加速凋敝的命运，比如此前分析过的大荣。

"场"在中短期发展过程中所遵循的规律和核心影响要素

要实现场的中短期成功跃迁，需要我们总结出场在中观层面的变化规律来制定相应的经营战略。基于此前分析，我们可以得到以下几点：

影响要素1：科技革新——对场的算力和运力的重新定义

场的基本形态的变革由革命性的技术创新开启，但受房地产投资周期影响较大。

虽然我们都知道人类社会的发展变革往往都是由科技驱动，但却很少思考某一科技的底层逻辑，以及它会如何重塑未来的商业世界。我们说场是一种物质传递的媒介，在商业里它负责信息、人和物体流转，那么任何一种可以优化其流转效率、成本和体验的技术都有可能对它的形态产生影响。

和信息传递技术强相关的主要参数是算力。从 20 世纪 60 年代起，我们看到了 IT 硬软件、PC 互联网、移动互联网、物联网技术的蓬勃发展，每一次技术进步都是对算力的一次高数量级的提升，同时场的形态也随着算力的提升不断发生改变，体现在：①可承载的数据量不断变多；②数据处理能力的不断提升。数据量的承载能力不再受到限制后，场便开始追求大型化甚至去边界化，而数据处理能力的提升，则让场的精细化运营成为可能。

于是我们可以看到，随着算力的提升，零售场在去边界化和运营精细化上的进化之路，以 7-ELEVEn 为例：从线下物理场（7-ELEVEn 便利店）到线上虚拟场（Omni Mall 平台）再到全渠道（Omni 7），从电脑订货系统，到以解决滞销、库存积压问题的单品管理—客户系统，再到覆盖全渠道的综合信息系统。

和物体传递技术强相关的主要参数是运力。自 20 世纪 60 年代起，日本在公路、铁路、机场建设上的投资快速上升，新干线通车，电车、地铁网络高密度覆盖，汽车大幅普及，使得人和货的流转半径、效率和成本都在被快速优化，体现到零售中，比如汽车的普及使得 GMS 的大型化和郊区化成为可能，公共交通运输网的密集和发达，促生了小型连锁业态比如便利店、自动贩卖机的出现，冷链运输技术的成熟使得便利型生鲜超市变得火热，社会仓配能力的提升使得 O2O 的渗透率不断提高等。

从某种程度上来讲，二战后日本通过从西欧和美国引进技术，吸收了发达国家前三波技术革命的成果积累（第一波为 1782—1845 年以纺织机、蒸汽机为代表的第一次科技革命，第二波为 1866—1892 年以钢铁、铁路为代表的第二次科技革命，第三波为 1920—1948 年以电器、化学、汽车为代表的第三次科技革命），并在第四波科技革命中，拿下了半导体、汽车、计算机等技术的世界话语权。所以，我们发现在进入以互联网科技为代表的第五次科技革命前，日本消费零售业的空前繁荣景象，正是前四波科技革命和商业高度融合的体现。但我们知道，90 年代的经济危机让日本失去了在第五波科技革命中的先发优势，大量业态的创新就此停滞，所以当移动互联网的大潮从美国席卷到亚洲后，抢占先机的是刚进入工业化起飞期的中国，而非日本。

影响要素 2：房地产投资周期——对场核心固定资产价格的影响

场，尤其是线下场的高资产负债率属性，使得其更容易受到资产价格波动的影响，其中最主要的一项便是房地产资产价格。90 年代房地产投资周期的剧烈衰退让日本的大量消费零售场深陷泥沼无法转型，也抑制了这些曾经的王者对于下一代创新技术的投资，前面讲到的大荣其实是最典型的案例。这次经济危机，也是日本主流消费零售业态从百货、GMS、品类杀手店，向便利店、百元店、尾货连锁、SPA 业态转变的关键节点。

在中国，起飞期的投资红利被大量释放到了信息技术和传统商业的融合之中，这也直接促成了在线上零售领域，以及后面的移动互联网时代，中国在商业形态上的发展是要领先于日本的。这也从侧面说明，革命性的科技对于消费零售的基本形态是起到重塑作用的。但对于中国来说，这只是暂时的领先，因为中国并未像日本当初那样对前代技术有着很好的吸收，拿消费零售业来说，中国虽然有阿里、京东、拼多多等线上巨头，但线下零售业在近 20 年的时间里生意惨淡，这和中国社会基建不完善、供给侧改革不彻底、地域发展不平衡有着很大的关系，而往往解决这些问题需要的时间会更长。所以，在未来的全渠道时代，随着日本经济的逐渐复苏和对第五波科技的吸收赶超，日本有可能再次胜出。

因此，对于跃迁者来讲，新商业模式一定要抓住革命性技术和房地产投资周期上升期的红利。

规律 1：合并大型化是必然趋势，抗周期业态将发挥重要作用

场靠规模效应带来的扩张边际成本递减形成竞争壁垒，这意味着业态合并/大型化是必然趋势，并以抗周期业态并购不抗周期业态为主。

抗/逆周期的体现有两种形式：一种是模式足够轻，另一种是足够低价/高性价比，前者抗周期，后者逆周期。

模式足够轻并不代表进入壁垒低，而是其已经从曾经重资产发展道路中抽取了高附加价值的产业链，抛掉大部分重资产或低附加价值产业链后瘦身快跑，即使周期波动，也不会对现金流造成很大压力，这种模式往往门槛低，但是天花板很高，上面讲到的7-ELEVEn的3.0阶段就是典型的例子。

足够低价/高性价比意味着场实现了产业链的成本压缩，然后让利消费者。但想实现这一点也并不容易。通常的方式是以场端形成的规模效应来压低销售成本和进一步摊薄运营成本，这也是日本早期的GMS的核心竞争力。但也有一些业态是天然具备这种属性的，比如尾货折扣店、百元店、二手、SPA业态。它们起初便以极低的价格定位切入市场，所以形成渠道、供应链端的规模效应的速度更快、更抗周期。活下来的基础上现金流稳定，就可以从容地进行企业第二曲线的尝试，比如对不抗周期的企业进行并购。

实际上，对于上述抗周期业态企业来说，它们对于市场上价格被低估的资产有着天然的敏锐发现力，并且并购后的重组整合能力更强，这和其本身的业务发展逻辑有很强的关联性。比如在外界看来堂吉诃德对长崎屋的并购是一笔失败的交易，但堂吉诃德却把它用在商品和零售地产上的变废为宝逻辑成功地运用到了对长崎屋的投后改造上，奇迹般地将它起死回生，整个操作模式活像3G资本的资本运作大戏。此外，部分企业最原始的模式也并非抗周期的，但是它们会针对抗周期的企业进行并购来对冲风险，比如7&i对西武百货的并购，永旺对药妆店Welcia的并购等。

所以对于跃迁者来讲，拥有一个抗/逆周期模式的业态是一个好的选择，无论是自创还是并购，都会成为危机中帮场续命的一根稻草。

规律2：业态变化朝着低成本、高效率、抗周期的方向演进

在前文我们分别描述了科技和经济这两个主要的宏观因素会如何影响场的跃迁，当然只看这两个部分是不够的。宏观因素变化给场在变化大方向上以指引，但在战术层面上这些变化依然要基于人和货的需求，以及直接/潜在竞争对手的情况。

在消费零售业态中，有一种行业的 Mapping 方式，它可以用一个二维坐标系把所有零售业态都放到一张图里（图 2-15）。其中横轴为人的基本需求所对应的各个品类（衣食住）和各个场景，纵轴为人们为了满足需求愿意去支付的价格。

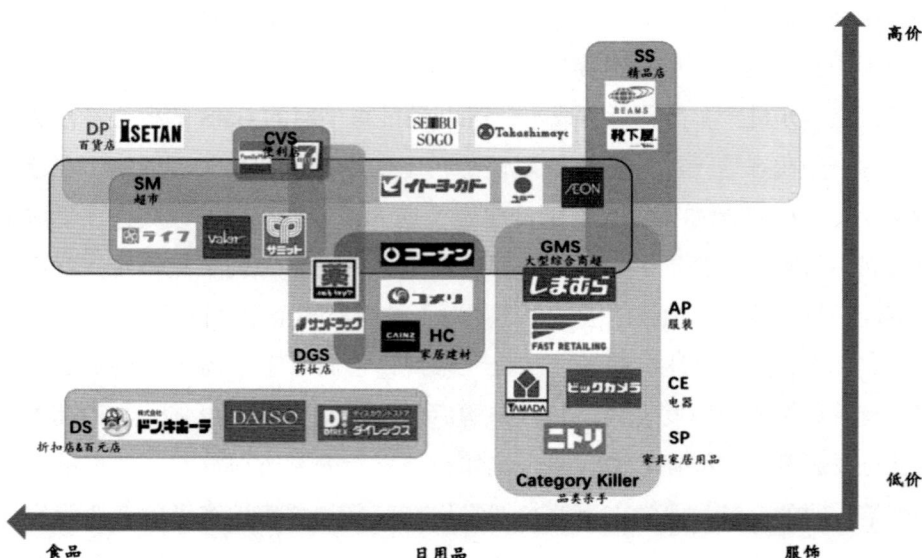

图 2-15　日本零售业态地图

基于此，我们可以把所有的零售业态和对应的企业放到这张图里。它们所处的位置也是在各自满足消费者需求下的核心竞争力的体现。在上面我们根据"人"部分划分的三个阶段，也得出了零售业态发展的三阶段论，这三个阶段的关系可以按下面的方式呈现：

我们发现每个阶段的空白业态都会具备比前一阶段在价格上更有优势的特点，而且覆盖品类的广度大小会呈现一种循环变化的趋势，但是这一变化

114

不会在极低的价格区间里出现。也就是说，在外部因素和人的需求变化的背景下，优先出现的是具有高产品加价率和高品牌溢价的行业，比如日本二战前后的百货店、GMS，但从市场竞争角度来讲，这两个业态还有太多的优化空间，所以后面往往会出现在成本结构上更优，但品类相对垂直聚焦的业态，比如品类杀手店。但品类杀手店的优势会被有着更广 SKU 且是已经进入 OEM 领域的 GMS/Super Market 所超越，后面这两者又会被品类杀手店中实现了渠道和供应链全打通的 SPA 模式的企业所超越（图 2-16）。但 SPA 模式并非后无来者，全品类尾货起家的企业会在成本结构上再做进一步的优化。逐渐地，我们发现各个价格带的各个品类空白会被逐渐填满，整个行业朝着低成本、高效率、抗周期的方向进行演进（图 2-17）。

对于场的跃迁来说，这一结论有助于场更好地在市场中定位自己。

以上总结了一家消费零售企业在进行模式跃迁时，需要关注的重点外部要素的规律性变化。它的逻辑是由战略咨询行业中的新市场进入分析方法 PEST+3C① 演化而来。规律存在的意义在于其确定性，因此是可被预测的，而正是基于对未来的确定性判断，企业才能建立长远的经营战略，从而确保自己在不断的模式跃迁中立于不败之地。

---

① PEST，常用的宏观分析框架，由 Policy（政策）、Economy（经济）、Society（社会）和 Technology（科技）四个英文单词首字母组成。3C，常用的新市场进入分析框架，由 Customer（用户）、Competitor（竞争对手）和 Company（公司自身）的三个英文单词首字母组成。

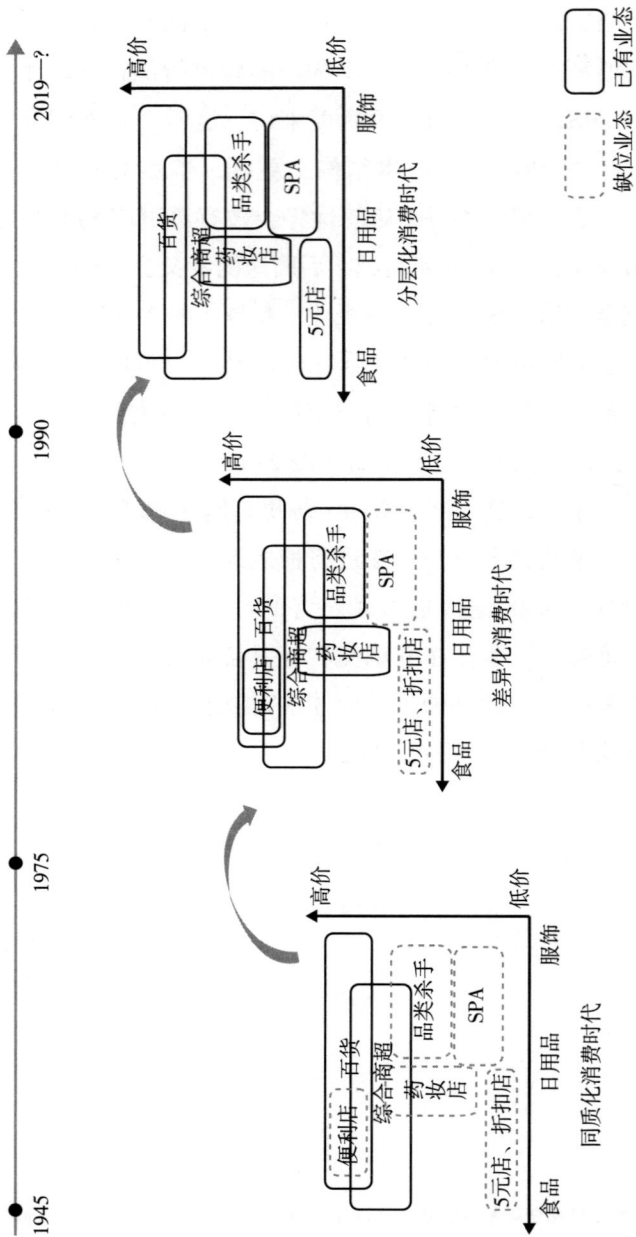

图 2-16 日本灵寿业态发展变迁逻辑 1

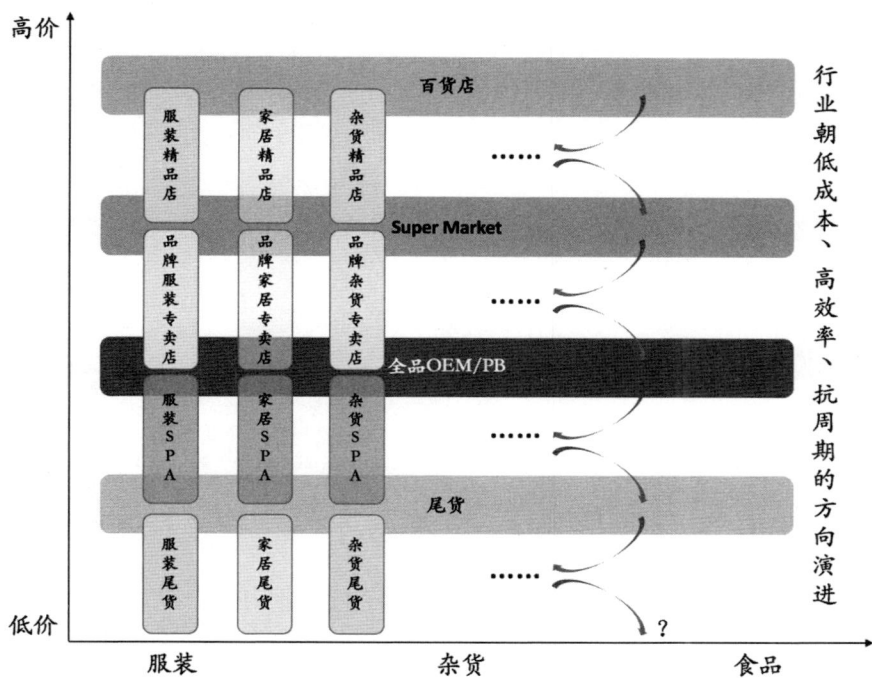

图 2-17 日本零售业态发展变迁逻辑 2

第 8 章

对于中国的参考意义

日本的消费降级业态对中国下沉市场和经济下行情况的适配性讨论

无论是中短期的模式跃迁还是长期的利他式价值创造，最终目的都是如何顺利地穿越周期。折扣店、百元店、SPA 业态和二手作为抗周期的典型商业模式，对于目前中国经济下行的大环境也有着很强的参考意义。从经济形态上来看，中国虽然还没有真正跨过工业化的成熟阶段，但城乡多元结构的存在让城市过早地和国际一线都市的形态靠拢，随着每次经济危机中城市为了追求经济软着陆而对下沉地区实行危机转嫁，使得中国下沉市场目前依然保持和城市发展相差几十年的形态。所以这也是时间机器理论在这个大环境中能起作用的原因。

从"人"的形态来看，中国下沉市场的消费群体和日本进入消费降级趋势中的群体在众多特征上有一致性，比如可支配收入低、关注性价比，但也有些许不同，比如日本是由奢转简，中国是从无到有，所以一味地把日本消费降级业态的终极形态照搬到中国是不适用的，很多创业者都犯了这样的错误。正确的逻辑应该是用日本专改消费降级的业态切入中国的下沉市场再做消费升级的改造，并且重点关注这些企业从 0 到 1 的崛起，列举上述业态从 1

到 10 甚至是从 10 到 100 的可能发展形式，并演绎到中国为中国企业所用。这里我选取了两个在上述领域做得非常成功的企业，来看它们是如何在人货场的变迁中乘风破浪的。此前我一直站在投资人的视角以自上而下的方式来拆解行业，现在我会把自己当作一名创业者，带着各位穿越回当时的时间线里，用自下向上的视角来理解一家企业的方方面面。

案例一：堂吉诃德——从尾货倒卖到零售界 3G 资本的蜕变①

说到专攻消费降级，堂吉诃德无疑是最有代表性的企业之一。1974 年，日本陷入布雷顿森林体系被打破后的第一次世界型经济危机，也意味着日本经济高速增长时代的终结。当时作为刚从日本私立双雄之一庆应义塾大学毕业的高才生，堂吉诃德的创始人安田隆夫，抓住时代高速发展的红利加入房地产行业，却不料入职 10 个月后公司倒闭。为了糊口，安田曾一度整天混迹于街头棋牌室，以浪人自居。

但心有不甘，因为不相信命运，安田隆夫拿出了压箱底的 800 万日元开始了自己的创业生涯，却在行业选择时陷入了迷茫。餐饮行业启动成本低但自身并没有料理相关的专业技能，服装行业虽然相对稳定但自己没有时尚嗅觉也不适合，想来想去好像也只有卖杂货适合自己。因为经济低迷，大量公司倒闭，当时零售市场上突然出现了一种折扣店业态来处理倒闭公司和工厂的尾货库存。因为考虑到消费降级是不可避免的趋势，但市场上只有百货、GMS 等零售业态，很难满足人们对于极致低价/性价比商品的需求，所以安田隆夫决定将 800 万全部投入到开折扣店里。

起初安田隆夫是以二手店的形式在做，因为商品便宜且质量上乘，比较符合当时收入缩水但审美还在升级的大众群体。但因为卖二手商品需要向派出所提交众多证明且流水也被监督，于是安田放弃并向尾货折扣店转型。第

---

① 案例资料来源于"情热商人"（创始人传记），"ドンキホーテの闘魂経営"（堂吉诃德的斗魂经营），堂吉诃德公司财报，年报以及 Diamond Chain Store 杂志。

一家店开在东京杉并区，临街而开仅有 20 余平方米，起名叫"小偷市场"，之所以起这个名字不是因为店内的商品都是偷来的，而是想让消费者体会到商品真的意外地便宜（图 2-18）。

图 2-18　堂吉诃德早期门店之"小偷市场"

0 到 1：利用营销的极致差异化策略破局

"小偷市场"的 0 到 1 破局阶段其实非常艰辛。一方面是因为安田隆夫没有任何开店经验，另一方面是因为当时是大荣、伊藤洋华堂等零售企业的全盛时期，小企业难以正面向其发起挑战，所以只能依靠极致的差异化战略。

因为前期上游供应链很难建立优势，于是差异化的切入点就放在了门店的营销策略上。当时安田隆夫采取了以下三个策略：

压缩陈列：和易寻、易拿、易买原则相悖，将采购来的商品以无序的逻辑堆积摆放，创造一种寻宝的乐趣，同时在价格上突出"激安"（极度便宜），进一步放大用户的惊喜感，并转化为实际消费行动。

"POP"洪水：因为尾货商品相对非标，但实际上潜在利用价值较大，因此如何把其潜在价值最大化从而使潜在毛利最大化很关键。安田隆夫将商品的亮点和价格绘于每一个货架前的海报上，证明商品童叟无欺的同时，用一些夸张的绘画表现形式把亮点信息传递给消费者。

深夜运营：日本进入经济的高速增长期后，上班族白领逐渐增多，城市生活节奏越来越快，夜生活也开始逐渐丰富，但相应的服务业态并没有跟上（20 世纪 70 年代日本夜间消费比例占 20%，80 年代上升到 50%）。安田隆夫敏锐地发现了这一空白，于是把门店营业时间延长到深夜，且相比于白天购物目的性强的主妇，夜间消费者更注重娱乐消遣型的消费体验。

此外，安田隆夫还成立了一家做 2B 业务的公司——Leader，向上游的大型制造商采购尾货，相对也减轻了门店的库存周转和上新压力。

之所以说堂吉诃德 0 到 1 非常艰难，是因为上述策略每一步都是安田隆夫面对业务难题时为了存活下来而选择的无奈之策，比如压缩陈列，是因为传统的摆货方式很容易引导人们有目的性地寻找商品，并理性思考尾货本身的公允市价，这样成交率和毛利都会不太理想，所以安田隆夫才选择了无序堆放的陈列逻辑。上述三点策略最终形成了协同闭环，奠定了未来 40 年堂吉诃德门店运营的基本思想。

1989 年 3 月，堂吉诃德一号店在东京府中开业（名字由"小偷市场"正式更名为"堂吉诃德"，寓意为像堂吉诃德那样即使面对十分强大的竞争对手，也能一直坚持为了梦想不停战斗）。但不幸的是，第一年销售额远不及预期，只有 5.1 亿日元。此后，安田隆夫迅速调整策略并成功完成了公司 1 到 10 的转型，过程同样艰辛但打法依然非主流。

1 到 10：权力极限下放突破增长魔咒，"CV+D+A"模式成型

随着 Leader 业务的逐渐稳定（年销售额突破 60 亿日元），安田隆夫认为时机已到，于是开始做堂吉诃德的 1.0 大店模型。和小偷市场的店型不同，大店的门店面积近 500 平方米（受大店法限制），所以理论上年销售额能轻松突破 15 亿日元（以 50 平方米 2 亿日元的小偷市场门店为原型）。但因为这一改变跨度太大，虽然供应链可以跟得上，可如何在 500 平方米的大店里复制

10个50平方米的小偷市场更多是运营和管理上的问题。因为整套运营策略没有成为体系被执行，第一家店第一年出现巨额亏损。因此，在2.0的第一阶段，安田隆夫考虑的是如何提升运营和管理能力来打平盈亏。

但实际操作过程也并不顺利，以压缩陈列为例，无序堆放的逻辑是依靠理货者本身对于商品和用户需求的感知，并非一套可以规范化的模型。因此，安田隆夫每次堆放完让理货员模仿，理货员都很难堆出他的效果。一次不行两次，两次不行三次，且500平方米大店有着相当多SKU数量的商品，最终安田隆夫决定放弃1对1的言传身教。授人以鱼，不如授人以渔。那不如把权限极度下放，让每个理货员都像当年做"小偷市场"的他一样，靠自己的努力去磨出一套属于自己的无序堆放逻辑。

这一策略虽是无奈之举，但效果却十分出众。首先，权力下放的升级版是让一线人员自己把控整个进销存的PDCA流程（Plan—Do—Check—Act），这会使得堂吉诃德的店再大、SKU数量再多也可以化繁为简，因为战斗单元被最小化了。其次，安田隆夫导入了更加快速的晋升制度——店员比拼制度：

—— 店员可以自由选择竞争对手；

——对手应战后双方设定统一规则及目标，并设定统一完成时间；

——根据业绩完成情况和竞争胜败结果决定晋升；

——晋升制度由一年一次改为半年一次。

其间，堂吉诃德在商品策略上也做了相应的调整。因为大店开业SKU数量需要迅速填补，且摆放密度极高，所以在商品结构上，安田隆夫选择从外部采购一些爆款品牌商品和自己与工厂合作的OEM商品来引流，后期这部分商品占比通常在60%左右，但价格为市场最低价的9折。另一部分商品依然为尾货商品，占比在40%左右但毛利在70%以上。也就是说，一方面做到客流最大化，另一方面做到毛利最大化，最终实现整体盈利。

事实证明，让一线听得到炮火的人做决策的制度和商品策略的调整起到了很好的效果。1993 年，随着日本经济泡沫的破碎，整个社会进入了真正的消费降级阶段，作为向人们提供极致低价商品的主要渠道，堂吉诃德府中店的销售额快速增长并突破 20 亿日元，紧接着堂吉诃德的第二家店在东京杉并区开业，1995 年正式多店铺扩张开启，1996 年全店铺销售业绩突破 100 亿日元。

扩张速度也受到房地产价格大幅缩水的影响而加快，逆周期的商业模式让堂吉诃德在这一时期低价收购了大量大荣、伊藤洋华堂等 GMS 企业的优质地产资源，作为储备，一部分用作自营开店，另一部分用作外部租赁。

最终堂吉诃德确立了自己在 1 到 10 阶段的竞争壁垒：CV+D+A，即 Convenience（核心地段大店的便捷性体验）+ Discount（折扣店的价格）+ Amusement（娱乐性），把购物体验从 1+1 = 2 变为 1+1+1 = ∞。

从单店销售规模来看，堂吉诃德相当异类甚至恐怖，自从府中店达到了年 20 亿日元的销售额之后，几乎每家店都以同样的规模在扩张复制。而同期如日中天的优衣库和大创等同样主打极致性价比的企业，单店最高也仅为堂吉诃德的 1/4。2000 年，仅有 10 家店规模的堂吉诃德在东京证券交易所二部上市，2002 年门店数突破 50 家，销售规模突破 1000 亿日元，2004 年规模整体翻倍。

10 到 100：合纵连横，成为零售界的 3G 资本

首先，对于任何一家企业来说，0 到 1 往往是破局，而 1 到 10 是建立模式壁垒然后克服增长瓶颈，10 到 100 则是合纵连横，并防范行业的系统性风险。所以，第三阶段的第一步便是通过既有供应链能力，以自建/收购的方式创造跨界业态，来实现业态的横向扩张和风险对冲。

鉴于当时日本线下零售业态的百花齐放，便利店、药妆店等业态迅速崛起，堂吉诃德在保持原有竞争能力的同时也在不断吸取它们的优势。比如以便利店的小业态+便捷性为出发点，结合堂吉诃德的商品力和运营力，打造了一个叫 Picasso 的业态。这个融合业态的特点为：小商圈内高人流核心区域开

店，门店面积 300—500 平方米，品类以刚需日常用品为主，SKU 数量 1 万—2 万。比如以购物中心的业态多样、一站式服务为出发点，融合堂吉诃德的 24 小时运营能力，又打造了一个叫 PAW 的业态。这个融合业态的特点为：24 小时营业，配有购物、餐饮、服务等 20 余家商家，2000 平方米小型购物中心（图 2-19）。

图 2-19 堂吉诃德 Picasso 业态和 PAW 业态外部图

除了做融合业态，堂吉诃德也不断地通过收购来实现产业扩张。其中最典型的案例便是对于长崎屋的收购。

长崎屋是日本一家地方性的 GMS 企业。受城镇化加速的影响，日本的中低线城市出现人口结构的过度老龄化现象，直接影响了当地零售业的发展。当然 GMS 的衰落还有很多别的原因，比如便利店和药妆店的崛起，其中最致命的还是经济危机。从图 2-20 我们可以看到长崎屋从 1990 年起开始出现亏损，此后亏损扩大，营业收入和净利率快速下滑濒临破产，2000 年申请破产保护后持续低迷，直至 2007 年被堂吉诃德收购。

收购后，堂吉诃德一方面帮助长崎屋偿清债务，另一方面对其进行了大刀阔斧的改革并成立了新的融合业态——Mega Donki。首先，品类上，堂吉诃德把传统 GMS 主打的饮食生鲜、日百杂货扩张到全品类，保持堂吉诃德一贯低价的风格，把单店 SKU 数量扩大到 6 万—10 万，基本可以覆盖所有围绕生

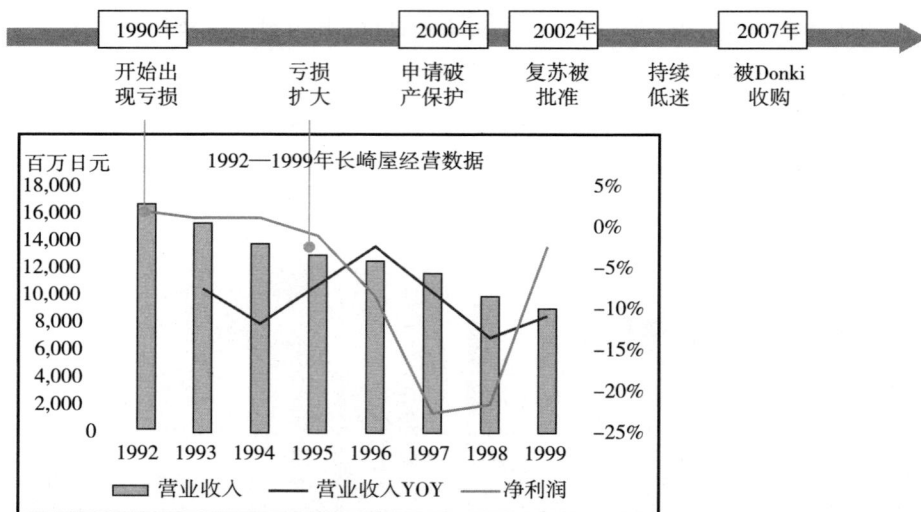

图 2-20　长崎屋经营数据推移

活相关的消费品，相应地门店面积也扩张到了9000平方米以上。其次，门店运营上，堂吉诃德把压缩陈列、POP 洪水、深夜运营策略导入长崎屋，大幅提升了门店的运营效率和消费的沉浸式娱乐体验。

从图2-21和图2-22中可以看到，无论是原长崎屋部分业务收购后的业绩还是新业态 Mega Donki 的业绩都增长良好。

图 2-21　Mega Donki 内部图景

（十亿日元）   原长崎屋部分收购后业绩增长

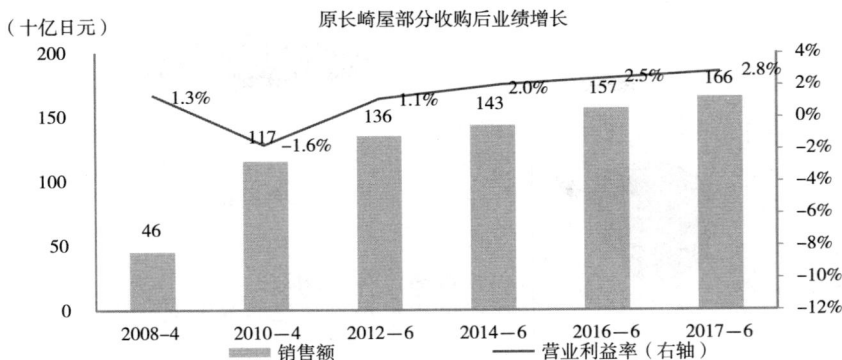

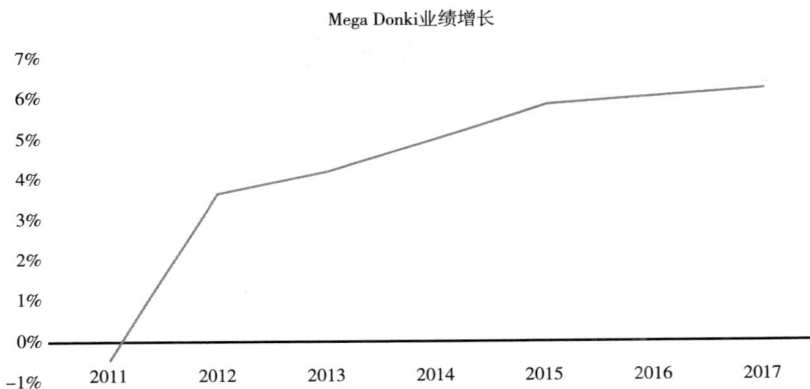

图 2-22　原长崎屋部分收购后业绩增长和 Mega Donki 业绩增长

除了做横向的业态整合外，堂吉诃德也在进一步加深自身在每条产业链垂直方向上的核心竞争力。比如其零售业务的商品能力，堂吉诃德站在进一步优化商品体验和毛利结构的角度开始做自有品牌商品，从模式上来讲和一般的 OEM 没有什么区别，但其自有品牌的商品矩阵体系却很讲究。

以极致性价比为核心，堂吉诃德的自有品牌有三个不同定位，覆盖食品、杂货、家电、服装等品类，第一种被称为"情热价格 Premium"，即兼具价格、品质和设计的商品，比如图 2-23 中鞋底可以拆卸、自由进行身高调整的皮鞋；第二种被称为"情热价格+PLUS"，这类产品的价格低于市场价格但

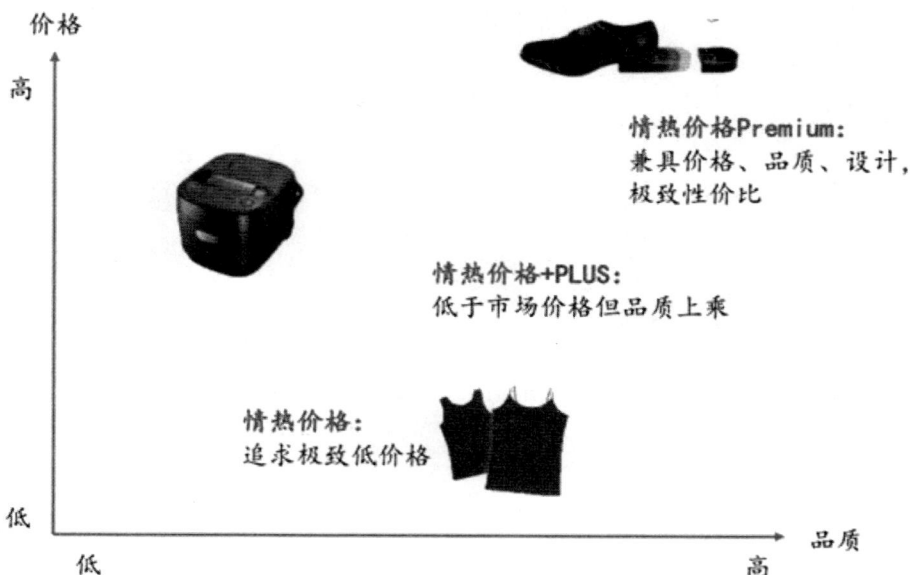

图 2-23 堂吉诃德自有品牌定位矩阵图

品质上乘；第三种被称为"情热价格"，这类产品的主要卖点在于价格足够便宜，甚至可以使消费者惊喜。此外，堂吉诃德还在其官网上设置了新商品创意投稿栏目，以期和消费者共创自有品牌商品来实现和需求的精准匹配。从财务上来看，堂吉诃德的自有品牌销售额占总收入约 10%，但贡献了 15% 以上的毛利。

以上便是堂吉诃德 10 到 100 阶段的商业模式，至此，其商业模式的最终壁垒和形态也逐渐清晰。如果我们认真观察堂吉诃德的前 2 个阶段，会发现 1.0 阶段堂吉诃德是在做把商品变废为宝的生意，到了 2.0 阶段，堂吉诃德开始在原来的基础上做把商业地产变废为宝的生意，到了最终阶段，堂吉诃德更多是在做把企业变废为宝的生意。每个阶段积累的专有技术和资源能力不同，但从目前来看，其已经开始逐渐摆脱传统零售商的定位，更像是一个产业投资并购者的角色，因为识别被低估的资产，改造赋能再让它为行业创造更高价值，最终共享资本市场长期受益，这项能力和股权投资是共通的，而且拥有很高的天花板。这也是堂吉诃德自创业起至今约40年，营收持续增长从未下跌的原因之一吧。

案例二：大创产业——从尾货倒卖到性价比巨头的变革①

2017年，"名创优品"的老师——日本百元店元老"大创产业"，决定开启 IPO 上市之路。

大创创立于42年前的日本石油危机时期，当了30余年日本百元店行业老大，在面对风云变幻的全球市场时，大创终于放开"不能因为上市而上市""消费者利益优先级必须永远排在股东利益优先级前面"的金口，准备融资和众多类似名创优品这样的后起之秀在海外市场大干一场。

无疑，大创能在强者如林的日本零售企业中获得如此成功，是非常值得学习的。并且，作为名创的老师，它的发展历程为中国做"下沉版名创"提供了思路。

大创的0到1是非常艰难波折的，它的创始人叫矢野博丈。矢野的祖父在日本曾经是大地主，因为家里地太多，二战后家里的土地在盟军强制要求下被日本政府收归国有，于是家族没落。和堂吉诃德的创始人安田隆夫一样，矢野同样毕业于日本名校。但和安田刚毕业就选择加入上升行业——房地产不同，矢野毕业后选择直接创业。第一次创业方向为养殖业（养鱼），因专业水深而矢野经验尚浅，导致前期亏损严重。为了还清债务，矢野决定前往东京打工，顺便进行二次创业。受困于现金流压力，他必须尽可能以有限的低成本资源持续换取高回报。

---

① 案例资料来源于《100 円の男——矢野博丈》（创始人传记），《100 円ショップの歴史》（百元店的历史），大创披露的公开资料分析整理。

这个事情解法的灵感来自矢野看到的两个现象：

一是他突然记起广岛的家附近，有一家占地 1000 平方米的收次品的企业。宽敞的厂房里，每天有三辆大货车来卸次品。他很好奇，区区一个只靠倒卖次品的二道贩子，怎么可能付得起上千平方米土地的租金？

二是在当时人流量较高的区政府前，矢野看到从大阪过来的卡车装着一车杂货，停住后竖起一个牌子就开卖，一天之内商品即售罄。

次品销售成本低、毛利高，移动贩卖则节省了物流和场地租赁的成本，也兼具一部分营销宣传功能。因此，在销售成本和运营成本低的前提下，尽可能大量销售或者把商品卖到高毛利就好。

于是，矢野用打工赚来的辛苦钱买了一辆卡车，从大阪进了一批残次品杂货，把试验场放到了老家广岛。几百日元进来的商品，虽然矢野知道这些是残次品/尾货，但对于消费者来说，功能性消耗品比如锅具，却是一眼看不出来残次在哪儿，使用起来周期长、折损慢，在这里售价 2000 日元，但也是远低于商超售价。没想到商品被哄抢一空。

小试牛刀尝到甜头后，他决定将规模进一步扩大，自信满满的他也给自己树立了"年销售额突破 1 亿日元，做成日本移动贩卖界销售额第一的卡车"的目标。

0 到 1：改变命运的"所有商品 100 日元"策略

起初矢野尝试把所有商品都标价 100 日元时并没有考虑太多。因为为了体现价格便宜，100 日元基本相当于日本当时的单品最低零售价。但不同人用它的理念和效果却截然不同。

当时大部分人用"全品 100 日元"模式来定价，是为了让消费者缩短决策流程，形成冲动性消费。前期矢野为了尽可能多赚钱，也学着市场将销售毛利设定在 30%左右，即进货价在 70 日元左右。可 70 日元的商品做得再好质量也就在那了，所以"便宜没好货"的批评声也越来越多。于是，矢野觉得这样不行，毕竟绝对的低价注定只能专攻价格非常敏感的消费群体，消费升级趋势里做得再好也只能不温不火。

所以，如何让不缺钱的消费者对"全品 100 日元"感兴趣呢？矢野想到了一个策略——制造惊喜和趣味性。

在商品售价不变的前提下，大幅提升部分商品的成本和质量（甚至把少部分商品毛利压到 10% 甚至 2%），通过品类之间亏盈搭配销售来实现整体盈利，让消费者在购物过程中体验到似乎"赚到便宜了"的惊喜。如"这个瓷碗看起来很贵，这里只卖 100 日元"，用户本着占便宜的心态会决策购买，这样用低毛利商品做流量品类，不经意间，用户也会搭配购买其他毛利较高的产品。

通过这样的销售策略，矢野在消费升级的趋势里打出了趣味性购物的差异化概念。一旦品类的毛利搭配规律跑通了之后，这种模式会在消费分级趋势中呈现出非常强大的逆势生长生命力。

碰巧的是，矢野刚决定这么做，1973 年第一次石油危机爆发，次年全国物价同比上涨约 20%，一部分日本的新中产被消灭，他碰上了全日本战后第一次大消费降级。

于是，需要大量进货、大量销售才能真正跑得动的百元商品生意，在这个节点迎来了时代红利。为了能以更低的成本获得线下流量，矢野把自己的商铺开在了当时的广岛人气超市"Izumi"前，结果三天轰下了 330 万日元的销售业绩，一战成名。

发现模式真的奏效后，矢野决定把它复制到东京。在收到头部零售企业"伊藤洋华堂"的开店请求后，矢野开着一辆 4 吨重满载货物的卡车连夜从广岛出发赶往东京。早上刚到，就赶忙从超市里借了些空的装啤酒和酱油的纸箱，一排四个摆在一个个木摊上，然后把商品整齐划一地摆在各个纸箱里，从头到尾密密麻麻摆了 3 万多件。没想到，第一天就创造了 130 万日元的销售业绩。

这让当时给矢野提供场地的伊藤洋华堂北千住店的经理吉田感到不解：为什么我们这儿每周也做 100 日元定价的营销活动，且外面也有很多做全品 100 日元的商家，但效果却没这么好？

矢野的答案是：外面大部分百元店，是作为商超的残次品/临期品处理场，这些商品进货成本一般只有 20—30 日元，它们的实际剩余价值是被大幅低估的，标到 100 日元也不算便宜。由于出发点是毛利导向，商品的实际性价比并不高。但我认为消费者的使用体验为第一，价格为其次。因为大家是经历过消费升级的，所以消费心理是由奢转简，而不是一味地追求便宜。所以我的部分商品甚至会亏钱卖，但我的商品数也是它们的 2—3 倍，消费者对我的信赖感也更强，比如我的客人一年可以复购 4—5 次。

此后大创一直作为大型零售业态的附属存在。"哪里有流量，我就把卡车开到哪儿。"直到碰到大荣（当时日本销售额排名第一的零售企业），矢野决定把店开在它的内部。大荣的巨大流量消化掉了矢野近 60% 的进货量。但却引来了大荣老板中功内的不满，他认为矢野的低调性门店风格和大荣主打的新时代消费升级理念不合，于是要求矢野搬走。失去了如此重要的依靠，对矢野来说无疑是巨大的打击。被逼无奈之下，只能考虑自己开店。但考虑到大荣前期已经帮助自己建立了可靠的高黏度用户群，矢野决定把一号店直接开在大荣旁边，同时公司化运作并把公司起名为"大创产业"（算命先生赐的，下称大创），把大荣的用户成功地洗了出来。

同一时期，和大创处在一个赛道里的玩家一共有 10 家左右。大创凭借着更好的产品质量、更高的性价比形成的口碑，吸引转化了更多的消费者。更多的流量意味着更大的卖场、更多的商品数、更低的进货价，于是大创的优势开始像滚雪球一样越滚越大。

1 到 10：一直被模仿，但从未被超越的极致性价比策略

成功挺过了 0 到 1，接下来要考虑的便是如何在成长期阶段建立自己的差

异化竞争壁垒。在创业时期，矢野的制胜法宝是"低价高质+趣味性购物"，因此成长期大创的战略便是围绕着如何把这一点做到极致展开的。

除了运营这一家店，矢野的团队大部分还是在外部开卡车做移动贩卖的事儿，但他意识到转成店铺经营对于成长期大创的重要性。从模式上看，转成店铺运营后意味着有了店仓，可以随时补给前线。但他却需要付出额外的租金、水电和人力成本。大创的部分商品毛利只有1—2日元，薄到很难摊掉开店的基础成本，所以只能继续靠跑量。

这时他选择的策略是延长开店时间。一般的超市在下午6点左右关门，他选择开到8点半。6点到8点半也正好是上班族下班回家的时间。除了延长开店时间，矢野也尽自己的最大努力去压低产品的进货成本和门店的运营成本。在降低进货成本上，除了从日本当地批发商/尾货商采购商品外，矢野也会选择当时的世界工厂——中国，如义乌、广州等地，作为自己的供应商主阵地，大创的采购经理从义乌的小商品批发市场以每件商品30—40日元（2—3元人民币）的价格拿货。改革开放后，义乌本地盛行前店后厂模式，所以大创可以在采购过程中直接触达供应链上游，当进货量逐渐大了之后，大创开始和当地的供应商形成更深的绑定，开启了OEM业务。

要做OEM，那考核的点就多了，如工厂的产能和柔性是否足够、技术是否过关、账期政策等，为了能寻找到最匹配的工厂，矢野决定把搜索范围放到全世界。以下为大创挑选供应商的几个主要标准：

●离原材料产地近且产地原材料足够充足，省去资源的多级搬运成本；

●管理成本如人力、租金等要低廉（对于工厂来说，设备备齐投入正常运营后，人力+租金成本占大头）；

●在当地有长期积累的资源，能以低成本生产高质量产品的独有技术经验（在当地属于传统产业，省去自主研发费用）。

于是便得出了下述的大创供应商分布情况（表2-4）：

表2-4　大创供应商分布

	中国大陆	日本	韩国	中国台湾	泰国	越南	总品类数
生活杂货	26	4	5	2	0	0	37
占比	70%	11%	14%	5%	0%	0%	21%
化妆品	4	6	1	12	0	3	26
占比	15%	23%	4%	46%	0%	12%	15%
厨房用品	7	2	4	0	3	1	17
占比	41%	12%	24%	0%	18%	6%	10%
文具	5	5	4	1	1	0	16
占比	31%	31%	25%	6%	6%	0%	9%
卫生用品	3	7	6	0	0	0	16
占比	19%	44%	38%	0%	0%	10%	6%
洗漱用品	7	2	0	0	0	1	10
占比	70%	20%	0%	0%	0%	10%	6%
玩具	9	0	1	0	0	0	10
占比	90%	0%	10%	0%	0%	0%	6%
军用施工用品	4	0	0	6	0	0	10
占比	40%	0%	0%	60%	0%	0%	6%
宠物用品	5	2	0	0	2	0	0
占比	56%	22%	0%	0%	22%	0%	5%
内装	5	0	1	0	0	2	6
占比	63%	0%	13%	0%	0%	25%	5%
园艺用品	7	0	0	0	1	0	0
占比	88%	0%	0%	0%	13%	0%	5%
衣服	4	0	0	0	0	0	4
占比	100%	0%	0%	0%	0%	0%	2%
手工用品	4	0	0	0	0	0	4
占比	100%	0%	0%	0%	0%	0%	2%
食品	0	2	0	0	0	0	2
占比	0%	100%	0%	0%	0%	0%	1%
合计	90	30	22	21	7	7	177
占比	51%	17%	12%	12%	4%	4%	100%

从表 2-4 中可以看出，大创供应商超过 50% 来自中国大陆，中国大陆代工厂主要生产生活杂货、洗漱用品、玩具、衣服、手工艺品和园艺用品。日本的代工厂主要生产卫生用品和食品。 韩国代工厂主要生产卫生用品。 泰国和越南也有一部分代工厂，主要生产厨房用品、软装用品、文具、园艺用品、化妆品和宠物用品。

合作模式上，有单纯的业务合作也有投资（类似小米）（部分供应链较难优化的品类，大创很难在 100 日元的销售额基础上实现盈利。为了实现部分品类商品也能摆在百元店货架上，大创会以投资的形式赋能代工厂以优化供应链结构降低成本）。

这里举一个大创用作消费品逻辑卖书的案例（想到最近很多做市场增长的社群，会把嘉宾分享笔记整理完印成手册拿出来卖 99 元，把知识用低成本加了次溢价进一步变现）。

先拆一下书的成本结构。书的原材料费用包括印刷 & 制版费、纸张材料费、制本费，再加上印刷税（版权费）、设计费、编辑费、人工费和广告费。其中纸张材料费很难降低，为了把书卖到 100 日元（6—7 元人民币）以下，大创通过对工厂的投资，使得印刷费和制版费可以比一般的工厂再便宜近 10%，因为印刷和制本的机器在书本册数越多时效率越高，为了进一步节省这两项费用，大创以接近一般书籍批发商（4 万—5 万册/次）10 倍的量下订单（40 万—50 万册/次）。

同时制本过程中舍弃硬封面等不必要的材料，制本费每册可以节省 3.6 日元。大创出版的书籍的版权费接近于 0，其书籍的内容大部分来自网络中没有申请著作权保护的文摘，以及一些无名但急需场合发表、将著作权以 3—5 折卖给大创的作家的小说。最终，书籍杂志类商品的生产成本结构见表 2-5。

表 2-5　大创书籍杂志类商品生产成本结构

总出版额	100 日元×40 万册＝4000 万日元	
总出版成本	用纸费	640 万日元
	印刷 & 制版费	1300 万日元
	制本费	634 万日元
	版权费	160 万日元
	设计费	15 万日元
	编辑费	30 万日元
	合计	2779 日元
毛利		1221 万日元
毛利率		30.50%

节省成本的另一个方式是在门店的运营上。大创的直营店占六成左右，且基本不做从 0 到 1 去打造一家店的事儿。相反，它经常选择接手因经营不善而倒闭的店铺。当接盘侠一般可以谈来更好的条件，比如更低的租金、更加灵活的租地时间，门店装修上也会尽可能利用好上一家店的基础，沿着它进行发挥。所以在日本基本找不到两家一模一样的大创店铺。这也恰好把购物的新鲜感体验带给了消费者。人员管理上想省钱只有一种方式，压缩正式员工占比，大量雇用兼职人员，但也对门店培训提出了更高要求。以大创的某个商店街门店为例：整个门店面积为 1500 平方米左右，分两层，共有 26 名工作人员，其中正式员工一般只有店长一人，其他人全部为兼职工，一般同时在店内工作的人员有 6—7 人。正式员工时薪不比兼职工高很多（平均下来 60—70 日元不等），但会享受到更好的公司福利待遇。

20 世纪 90 年代初，日本遭遇"平成不况"时代，趁着各大百货和商超接连倒闭处置资产之际，大创以救火队员身份入场，接手续约大量优质门店，以平均每月 10 家的速度疯狂扩张（最高峰单月开店数 67 家）。1998 年，大创门店数量破 1200 家，年销售额 818 亿日元，市场份额占比 53.3%。大创的极致性价比策略，让它形成了"以渠道垄断形成供应链垄断，再由供应链垄断进一步倒逼渠道垄断"的坚实壁垒，稳稳地让它在日本站住了脚跟（图 2-24）。

到这里，我们发现大创在中短期的模式跃迁上实现得很顺利，一方面它抓住了宏观环境的变化趋势，切准了"人"的需求整合了"货"，另一方面在模式差异化上做得也很好。一直没有选择上市，也是秉持着为消费者和合作伙伴长期创造价值的理念。但在随后的 10 到 100 阶段，大创开始进行跨地域性扩张，去面对各个和日本处在不同发展阶段的人货场。受益于他在日本积累的竞争壁垒以及百元店业态本身的优势，大创在海外市场鲜尝败绩，但遗憾的是在中国市场的表现不尽如人意，其中原因我们接下来再具体分析。

10 到 100：以破竹之势出海，只尝中国战场一败

虽然在大创日本是一枝独秀，但出海之后却并不一帆风顺。大创的出海故事和当年的日军有点像。"扫荡"东南亚几乎看不到对手，一到中国就崴了泥了。

2000 年年初，日本依然在经济萧条中徘徊，百元店行业的市场争夺也接近尾声。从市场格局来看，前四名是大创、Seria、Can do、Watts，其中大创以接近 60% 的市场份额取得压倒性胜利。和名创不同，大创并没有早早开启出海战略。矢野从没有把扩大公司规模作为发展的主要目标，所以也压根没想过出海。

最终决定做，是在一名中国台湾的名叫邱永汉的企业家的强烈建议下，又考虑到日本岛国市场的市场容量局限，后面容易过度竞争的问题，所以决定出海。因此，大创出海的第一站便是台湾。矢野和邱永汉两人成立合资公司。当时台湾地区的经济跟随日本脚步陷入了大衰退趋势中，第一家店开起来后业绩飞速增长。定价上，考虑大创在性价比上可以碾压当地同业竞争者，且当时台湾地区和日本生活水准差距不大，所以台湾大创店的价格设定为 50 台币（11元人民币）/件，比日本当地价格更高。一经推出便在台湾销售火爆。

店铺管理相关

- 开发管理部：开店、门店翻新、门店内外装修、设备配备
- 开发营业部：国内外开店相关所有业务，如物件&商圈调查、不动产开发
- 店铺运营总部：商品选品、下订单、卖场陈列考察、销售情况分析、新店开设、原店翻新、员工培训
- 店铺总务部（运营管理部）：店铺远程管理
- 店铺总务部（品质管理部）：解决顾客对于商品质量问题的投诉
- 店铺总务部（计数管理部）：各个店铺的在库管理
- 店铺总务部（顾客管理部）：处理店铺内发生的纠纷

下订单

商品研发相关

- 设计部：商品设计、商品包装概念设计 —— 提出商品方案

采购相关

- 商品采购部：和45个国家的1400个供应商对接采购商品，也负责市场调查、商品质量管理、开店等
- 海外采购部：海外专用商品的开发、海外当地员工的管理

下订单、品控

生产环节

- 代工厂
- 供应商
- 自有工厂

自有工厂管理

- 海外事业部：海外子公司/自有工厂管理，也负责海外当地的商品开发、海外店铺的支援

配送

仓储物流相关

- 自有RDC
- 三方仓库

商品在库管理

- 物流管理部：商品在库管理、配送效率成本改善，商品到店铺的配送管理

进出口管理部：商品出场后到到目的地仓库的流程管理。负责商品通关业务和相关契约书制成

配送、物流

门店运营相关

- 店长
- 商品整理
- 卖场整理
- 清扫
- 销售
- 结算

门店支持 / 情况及时反馈

其他职能部门

- 法务部
- 财务部
- 人力资源部
- 内控合规部
- 企业门
- 研发
- 产品
- 业务培训

形成支撑

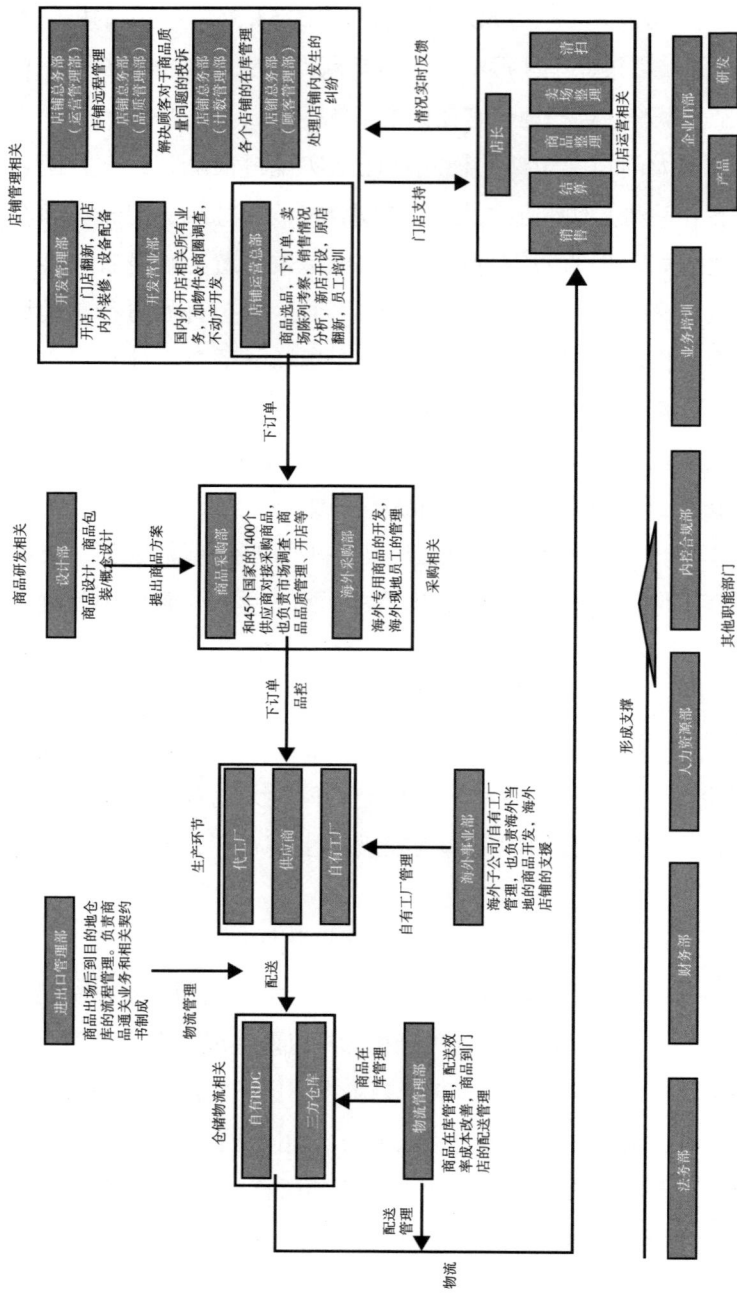

图2-24 日本大创产业部组织架构

台湾市场的胜利，让矢野认识到百元店业态因其强逆周期性，是一个可以无视地域发展差异而生存的业态。所以在全球市场的布局上，升维和降维布局策略同时展开。

和大部分跑到海外镀了一层金再回国的品牌/渠道品牌不同，大创是真刀真枪跑到当地和地头蛇干一把。如新加坡，大创在定价是竞争对手两倍的前提下，用了一年半的时间干掉了当地拥有 40 家店铺的"199Shop"；在加拿大，矢野使用了同样的策略获得了成功，因为他发现当地的 1 加元店商品粗制滥造居多，门店装修调性一般，灯光昏暗。

直到来了中国大陆市场，大创的连胜战绩戛然而止。连胜终结者为上海淮海中路房东。2012 年大创内部管出海中国业务的负责人大原把大创中国一号店放了广州的中华广场，二号店则选在了上海银座——淮海中路。选淮海中路是因为当时一家日本企业作为中介把店铺以极低的价格推荐给了大创。

但正当他觉得店已经很稳地开起来的时候，钓鱼岛事件爆发，中日关系恶化。门店房东无视之前所签的 5 年期租约合同，强行要求大创搬走。淮海中路店在开业第二年非正常死亡。

大创中国的第三、第四家门店，选择开在上海市郊，理由是为了靠近当地有高消费能力的别墅区人群，大原认为这里的别墅类似于日本的一户建式建筑，大件塑料制的生活用品在这儿一定可以卖得很好，结果判断再次出现失误。此后，大原并没有吸取此前失败的教训，而把日本的选址模型拿来，照着接二连三地尝试，以低成本运营为核心，有把店开在地下停车场，有把店开在百货商超的 4、5 层。但和日本不同的是，中国不是一个货再好不做营销也能做好生意的地方。

处于供给过剩阶段的中国"酒香也怕巷子深"，店的位置如果很偏，你再一句话不喊，可能真的就不会有人知道店的存在。或者即使让人听到了，别人也只会认为你的店和你选的位置一样，也就这样了。

中国是否可以出现自己的堂吉诃德/大创

名创的老师是大创，但它整合了大创和无印良品的优势（设计方面学习无印良品，定价、门店运营等部分学习大创，加盟的自融模式是创新，且在营销层面名创碾压它俩），直接冲击的就是曾经进入中国的海外生活方式类渠道品牌。

其实名创优品在东南亚，随着东南亚的人口红利逐渐消失，制造业进一步往下迁移，它也会遇到当今无印良品在中国遇到的问题——被东南亚国家自己的名创优品冲击。就是这样的规律。当然以卖货的逻辑，作为渠道品牌高举高打进入低端市场，战略层面上一点问题都没有。

其实这个事情背后的原因之一，是受中国供应链成本上升，美国对中国的贸易逆差扩大的影响。经贸摩擦这一背景事件，使得大量中国外贸企业失去订单，亟须释放产能。名创抓住的是这一波机会，但只从消费品来看，受影响最大的品类一般为外企当年在华投资最多的品类，比如家具、服装、毛绒玩具、日杂百货等。

而且这些企业，大多被外企专业化地训练过，比如优衣库的"匠计划"。虽然日美企业考虑过将生产基地从中国转移到东南亚和非洲，但上述地区员工的能力素质较低，短期内也难以满足日美企业的需求。不过这个过程虽然缓慢，但是随着当地国家工业化、城镇化进程的加速，也是必然趋势。

有些强研发驱动品类，受到的影响则并不大，该落后多少年还是落后多少年，比如中高端化妆品、药品、保健品等，所以同样的逻辑也能解释为什么"完美日记"能做起来但一定会遇到瓶颈的问题。

因此，理论上来讲，虽然名创是学的大创，但大创在日本是比名创定位更低的渠道品牌，所以可以得出一个"大创＝下沉版名创优品"的定性的结论。但实际操作难度会比想象的更大。和日本不同的是，中国是个非常折叠且规则更为复杂的市场，尤其是下沉地区，想做大基本都是九死一生。

如果以大创为标杆，在一个人口不到百万的县城开一家单店 2 万 SKU 以上的 5—10 元店，单店模型想跑通，人流要有保证，选址也就限定在了当地的百货和购物中心的一层或二层的核心位置上，而且面积至少在 500 平方米以上。只要这个位置能拿下，基本上开一家赚一家，现金流非常好。但这种黄金地段在当地是绝对的稀缺性资源，一般早早就被当地商家垄断了，所以想在其他县市复制扩张难度很大。

当然也可以选择性避开这一点在营销上下足功夫，只是下沉渠道要有足够接地气的营销方式，光是方言这一点，就很难规模化复制，更别说依赖"熟人经济"了。

中国仍然存在"大创"的机会，但究竟是"做生意"还是"做品牌"，就看玩家是谁、怎么出牌了。别重蹈大创在上海的覆辙就好。

PART 3

货

　　首先，我们先对货进行定义。以价值链参与的分工来看，货是处在场，也就是渠道之前的所有环节，主要包括原料方、研发及设计供应商、生产商、2B 物流供应链等。

　　消费不同的细分行业，行业特征的不同，会使得货中不同环节在各自行业价值链中的地位不同。比如对于功能性食品赛道，原料方和研发供应商所建立的壁垒是牢不可破的，同时这一环节的附加价值又高，所以它们会成为调动上游资源的主要部门；而在彩妆赛道，产品比研发更需要突出设计感，以及更重要的是具备柔性生产能力，因此设计供应商和生产商会成为调动上游资源的主导部门。一般地，研发能力和生产能力，尤其是规模化生产能力和柔性生产能力是货中最为核心的两个能力。

　　为什么这两种能力是核心？站在人货场的三方视角下，在进入了大众消费时代的买方市场后，货是随着人的需求的变化而变化的。直观地理解，以服装行业为例，品牌方一般提前半年到一年的时间开始预测未来的流行风向做新款，并把相应的面料采购需求以及样衣的生产需求发给原料方和工厂，原料方和工厂基于订单进行生产。所以如果货是以满足人的需求为目标，那么在和品牌方合作过程中，第一步便是实现需求产品化，比如东丽通过自己的 Techmorama 实验室与优衣库合作研发了科技面料"HEATTECH",并协助优衣库把摇粒绒的成本大幅降低,在日本"失去的 20 年"中一炮而红;第二步便是实现量产规模化和生产柔性化,比如申洲国际需要有足够的产能来吃下每年 100 万件的优衣库订单,同时要能够尽可能灵活地调整生产线,以应对插单、急单和订单变更等特殊需求带来的资金周转压力。

因此,如果我们要研究货,就要围绕这两个能力在不同细分赛道内的演变趋势进行展开。

要深刻理解供应链能力,我们需要理解供应链组织形式发生的变化。因为供应链本身具备高度的流程化特征,一般地,其变化即是产能的线性叠加或削减。而往往产能发生质的飞跃,比如效率的大幅提升,是来自技术的革新以及组织形式发生的变化。

要深刻理解研发能力,我们需要先理解做消费品研发的目的和流程。首先,和学术中基础理论的闭门造车式研究不同,消费品研发是要以解决消费者痛点为前提的,因此无论是哪一家公司的创新研发中心,都要对消费市场中的"人"的变化趋势进行深入研究,把需求实现产品化,这一步的"人""货"匹配是重中之重,而产品化后和场的匹配问题更多是策略上的问题。

在此前的章节中,我们已经分析了"人"侧的变化趋势,在进入大众消费时代之前,人们的主要社会活动尚未从生产转移到消费,因此"货"主要发挥的作用是在工业化的原始积累阶段所有社会资源都向上层集中时,向大众提供能够满足其基础生活和生产需求的消费品。

对于日本而言,自然资源的匮乏使其较难在早期通过农产品和原材料的交换来获取第一波工业化的原始积累,于是出口加工型经济便成为早期日本经济发展的主要形式,也就是说虽然在朝鲜战争中美国帮助日本建立起了一定的工业基础,但此时的日本消费品的优质产能依然是主要向美国释放,以此来换取资金和发达国家的技术和资源支持。这种形态规律符合大部分国家工业化的发展历程。中国也一样,从解放战争结束后中国为了得到苏联的工业扶持，向苏联出口了大量粮食农产品来换取苏联的投资和专家的驻场指导，到后面中苏关系恶化，中美关系升温，中国用庞大的本国市场和低成本的供应链换取美国的技术和投资支持等，路径是很相似的。其间人们的消费主要围绕衣、食、住展开，主题以能穿上、能吃上、能住上相应的基础消费品为主。

第 10 章
日本消费社会 "货" 之图景
——供应链组织形态部分

大众消费时代黎明期和初期

规模化生产，追求量而非质

当时，质量生活，或者说穿好、吃好、住好等消费体验仅存在于日本上层社会，因此在工业化向大众消费社会迈进的这一步，关键点便在于如何把此前专供上流的消费品在技术和生产上实现大众化。比如酸奶，这一二战前仅有上层阶级消费得起的消费品，随着行业连续发酵装置上的研发成功和普及，其生产成本大幅降低，也实现了工业化量产，于是酸奶开始进入普通大众家庭。这种方式也常被用在众多被日本化的从美国引进的消费品身上。此外，自动化技术的导入几乎利好了一二三的全部产业，因此原材料不稀缺、研发壁垒低的品类开始大量进入大众消费市场，比如中低端服装、食品、杂货等。

从市场状态来看，第一阶段是典型的卖方市场阶段，对应到 "人" 就是同质化消费社会阶段，对应到 "场" 就是 GMS 业态蓬勃发展的阶段，因此对于 "货" 来说，主要是要能快速且大批量地向 GMS 提供低成本且高度同质化的商品，此时的产品即使是在效用上有些微创新，但只要能满足人们的基础吃穿用需求，都会被市场快速消化掉。所以，当我们发现半导体技术的导入催生了一批如黑白电视、冰箱、洗衣机等能够极大提升效率和体验的品类后，这些商品基本被当成所有阶层生活追求的标配。事实证明，这些技术带来的体验变化大到了深刻影响当代人消费观的程度，比如团块世代对于新事物、新潮流的追求热情始终如一，而这样的特征，在当下技术饱和、买方市场过度发达的当代年轻人身上是很难出现的。这也从侧面体现了第一阶段供应链组织形式的主题为追求量而非质。

大众消费时代成熟期

S2B2C 模式的崛起，在规模化生产的前提下具备柔性生产能力

根据"人"和"场"的变化，我们知道在经历消费同质化后追求差异化成为主题，同时品类杀手店、便利店等业态开始崛起。所以，日本的 20 世纪七八十年代是品牌大爆炸的年代，反映到"货"上，则是要求供应链必须具备快速反应，以及在短时间内量产某一款商品的能力。但很显然，这两种维度的能力是很难同时在一家供应商身上体现的，因为以柔性为基础来做规模化，和以规模化为前提来做柔性，都会使供应链负担极重而垮掉，这两者本身互斥。因此，当时便出现了针对这一问题的一种解法：S2B2C。

S2B2C 在中国也是近 10 年刚兴起的概念，它最早由阿里巴巴的曾鸣教授提出[1]，面对人口数量庞大且分散的中国市场，利用强大的中台基础设施 S，包含数据、研发能力、供应链能力、资本能力等，向数量庞大的小 B 商家进行输出，最终让小 B 在 S 的赋能下来服务数量更为庞大的 C，且全流程数据打通。这一模式的关键在于中台能力，它决定了小 B 能服务的 C 的数量上限，也决定了小 B 能提供的服务的深度和广度，其强大之处在于，它可以在保证连接数量的前提下，确保服务的低成本、精准和快速反应。在中国，S2B2C 演化出了很多子模式，比如蚂蚁商联、微商、社区团购等，做成功的并不多，因为很少有人能学到其精髓。

---

① 2017 年 5 月 26 日，曾鸣教授在天猫智慧供应链开放日论坛上的演讲中，提出了"S2B"的概念，并认为它将在未来 5 年成为一种新的商业模式。

在日本，这一概念形成于 19 世纪，最早是由伊藤忠等日本商社企业发扬光大。到了 20 世纪 70 年代，这一概念开始在消费零售行业落地，除了商社外，典型的案例便是 CGC 和 7-ELEVEn 的 1.0 模式。

靠 S2B2C 起家的日本综合商社

消费升级过程中，市场对供应链的柔性和规模化程度提出了更高的要求。但日本市场规模的局限，以及上游极力维护的"互不抢生意""温水煮青蛙"般的佛系竞争环境，导致日本的供应链并不柔性，也不具备强大的产能。这时候，商社（小规模的叫"问屋"）作为产业链中的周期缓冲者，开始去维护这种平衡。

这两者早年都是批发商的角色，比如伊藤忠商社（图 3-1）的雏形，就是

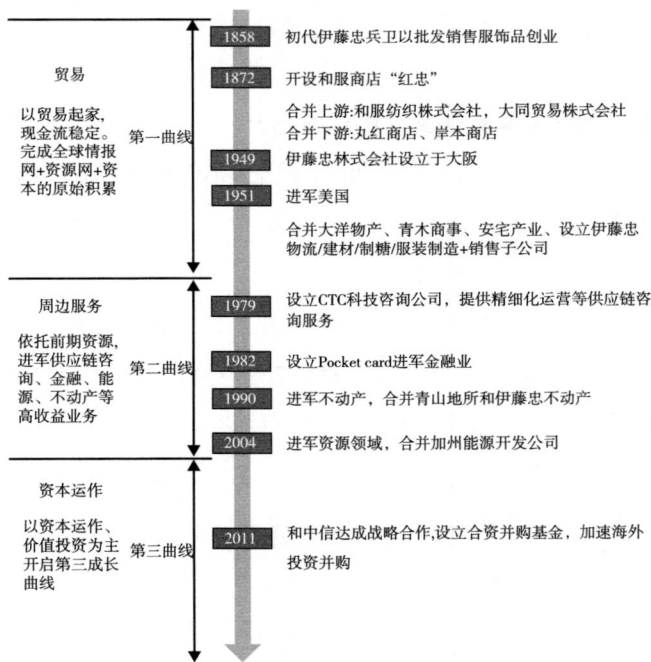

图 3-1　伊藤忠商社发展沿革①

---

① 资料由伊藤忠集团年报、财报以及其他公开信息整理。

在日本各地批发贩卖布匹的行商"类似中国古代的裁缝铺和镖局的集合体"，后面做大做强后开始出海做跨境贸易，品类扩大到整个大宗商品领域。

做跨境第一步就是做市场调查并和当地的贸易商建立往来，即数据和资源的互换。这种模式虽然古老，但却奠定了商社 S2B2C 模式的雏形。这里市场信息、供应链资源和资本作为商社的中台能力，一边连接着上游，另一边连接着 B（渠道/品牌）。

按道理讲，这种中间商在中国应该很早就被京东的 B2C 干掉了，但在日本却发挥了重要作用。他们靠着比渠道商和品牌商更好的对跨境双边市场的理解，更广的资源面和更强的资源整合能力，作为供应链和品牌 & 渠道商的库存缓冲地带，牵引着它们往前走。

因此，在面对多样化的市场需求下，商社便能不断地对供应链资源和品牌 & 渠道资源进行集中、分发和匹配操作，成功解决了这个问题。

S2B2C 模式同样在零售企业中被发扬光大

虽然从时代背景来看，20 世纪 70 年代的 CGC 和 7-ELEVEn 面对的问题和移动互联网时代的中国企业表面上还是有些不同，但问题的根本以及 S2B2C 模式所发挥的作用是一致的。

70 年代，日本中小连锁商超受到 GMS 业态的挤压，生存环境每况愈下，随着 GMS 点位密度的提高，中小连锁商超在本身商品成本较高的劣势下失去了便利性这一唯一优势，因此当时出现了一种以产业联盟形式来对抗 GMS 的模式，CGC 便诞生在这样的背景下。首先，CGC 要帮助中小业态降低供应链成本；其次，要建立一个数据中台系统来提升所有商家的运营效率，同时发挥便利性的优势。所以 CGC 上来做的第一件事便是取所有中小业态采购需求的交集，并代表中小业态来和供应商谈判，以集采的形式来降低进货成本，并运用共同配送的方式来降低物流成本，这其实和 7-ELEVEn 在 1.0 阶段给日本当时的中小连锁做翻牌是一个道理。但和 7-ELEVEn 不同的是，在第二阶段 CGC 并没有把赋能辐射到偏下游且较重的店铺扩张和运营管理中，而是把资源更多投入到了产品供应链侧——PB（自有品牌）供应体系，来进一步解决门店缺货和货品差异化的问题。在整个过程中，CGC 打造的供应链基础设施是 S，商家是 B，顾客是 C。

2018 年，CGC 已经成了日本第三大商业联盟，由 211 家小型超市共 4052 家门店组成。当年公司营收 550 亿日元，联盟成员商品销售额为 2750 亿日元。从采购品类上来看，以供应链壁垒较高的生鲜、奶制品、酒饮、零售、日杂等为主，拥有 1600 个自有品牌 SKU。在仓储物流布局上，CGC 在日本全国拥有 14 个大型共享仓配中心，5 个大型转运中心，2 个共享生鲜配送仓，三温带（常温、冷藏、冷冻）统一配送。联盟成员可通过 POS 系统获得实时全站运营数据比较分析，运用大量商品和用户数据精确指引自有品牌商品的开发①。

而在 7-ELEVEn 体系里，S2B2C 的模式延展性被进一步放大，整个大的中台能力板块除了有供应链的基础设施外，还包括研发设计、数据中台系统、店铺运营、金融等，这使得 7-ELEVEn 虽然仅控制着不到 5% 的直营店，但利用强大的中台能力撬动了全日本近 2 万家加盟店的力量，以高标准的商品和服务做最后一公里的业务。所以，从某种程度上来说，7-ELEVEn 通过 S2B2C 的模式建立起了未来全渠道模式的零售基础设施。

S2B2C 模式的精髓在哪里

但讲了这么多 S2B2C，它的精髓在哪里？为什么很多国内的公司都模仿失败了？

在"场"的部分，我们讲到了"三方よし"原则是使场能够穿越周期的关键，因为 S2B2C 从价值链角度上来讲涵盖人货场，且 S——"货"在其中扮演着至关重要的角色，因此从目标上来讲，S2B2C 要本着利他精神，实现对上下游及自身有益的局面，最终形成商业模式的整体自洽，而不是某一小部分的自洽（以损害一部分合作伙伴利益的方式利好其他人）。伊藤忠的例子我

---

① CGC 数据选自 2018 年其对外公布的信息。

们在"场"中已经提过，CGC 和 7-ELEVEn 都是站在最终服务好 C 的立场来尽可能地赋能并让利于 B，而不是让 B 快速收割一波 C 的智商税然后走人。

为什么国内多层分销型微商做不成 S2B2C？

多层分销型微商是一个部分场规则自洽但未形成整体自洽的商业模式。这种模式在明面上讲是 S2B2C，在暗面上讲是类传销，本质上它是一门由场的规则驱动的生意。

多层分销型微商的历史，其实可以溯源到早前的线下直销，比如安利、完美、无限极等。和传统线上平台相比，微商的恐怖之处在于可以在短时间如一天内创造出传统平台一个月的销量，从而快速占领市场空间，能做到这一点主要靠的就是内部场的规则自洽，无须和外部环境发生反应。这也是创业仅四年的云集可以成功跻身百亿 GMV 企业序列并成功在美上市的原因。

比如微商的金字塔裂变体系：以云集为例，在店主通过直接邀请和间接发展 100 名新店主以后，会成为云集主管，之后每邀请一名新店主，他都能得到 150 元/名的培训费和 15% 的销售佣金；团队人数达到 1000 人后，主管就可竞聘服务商（经理）。用户想开店当"店主"，需通过朋友分享的邀请码注册，或直接购买 398 元起的"素野心水保湿套装+深层肌底滋养蚕丝面膜"产品。从本质上来说，这是一种类传销模式，店主—主管—经理的利益结构，就是传销中经典的三级分销的玩法。

这种模式，在平台 To 小 B 的环节上，金字塔分销模式可以让平台和小 B 同时获益，价值传递在两者中形成了一个小闭环，因为所有参与者本身也是消费者，注意力都在规则盈利上，所以可以忽略原本最核心的产品力不足的问题。因此只要底层的基数足够大，这种规则下的场就会以病毒裂变的方式进行扩张，且成本相当低廉。云集也正是通过这种方式破除了微信和几大电商平台的流量封锁，在近乎格局已定的电商市场里又分到了一杯羹。

成也萧何，败也萧何。虽然平台和小 B 在模式中互相为对方创造价值，形成了规则自洽，但这一模式并未让 C 获得真正的利益，即小 B 和 C 之间并没有形成规则自洽。因为产品力不足，但为了保证层层代理能分钱，终端的商品价格往往很高，使得最底层的消费者成了这个盘子的接盘者，为太多华而不实的产品功能支付了高昂的溢价。因此，整个微商 S2B2C 模式是通过牺牲 C 的利益来利好小 B。这会导致微商的场源——货的能量被快速消耗掉，一旦货的能量为 0，场则自然不存在，所以很多微商代理只能不断换货换平台来圈下一波钱。这也是为什么从 2015 年起微商的流量开始断崖式下跌。

后大众消费时代

供应链出海

后大众消费时代是成熟的买方市场阶段，国内市场的相对饱和、产品差异化的过度开发，使得开拓海外市场成为大部分品牌/渠道在 1 到 10、10 到 100 阶段的必走之路。

产业链出海顺序解读

但出海并不是个一蹴而就的过程，海外市场拥有属于自己的人货场，通常和国内存在着一定的时间差，而差距的性质往往决定了每个方面的切入顺序。如果是朝发展相对落后于本国阶段的国家出海，相比"人"和"场"，从"货"端切入通常会更为容易一些。因为从出海的能力圈角度来看，卖货能力是最基础的能力，地区和地区之间贸易的往来，一方面需要对当地进行详尽的资料信息搜集，另一方面也需要对当地的中下游资源进行打通，我们通常称之为贸易国际化。这种形式的资源交换非常有利于初期双边关系的建立，虽然过程缓慢，但如果没有这一步，后面利润率更高的价值链就没有被打开的可能。400 年前欧洲人就开始走贸易国际化路线，18 世纪的时候，英国东印度公司就在全球贸易市场上占据了显赫的份额：茶叶贸易占全球茶叶市场的 50%，丝绸贸易占全球丝绸市场的 60%。日本在明治维新之后便开启了贸易的国际化，由日本的各大综合商社主导。

在证明了自身品牌在当地市场的热销后，下一步要做的便是研发和生产的国际化①。如果说贸易那一步是把原市场的货以卖方市场的思维输入，那这一步便是要完全基于当地市场的需求进行产品开发。所以如果当地的市场需求在以品牌输入国的演变逻辑进行演变，那么当地的供应链组织形式就会以品牌输入国的供应链组织形式的演变逻辑进行演变，那么输入国的供应链设备和技术就可以相应地输出给当地供应商来加速它们转型升级。日本的消费品企业在这个方面已经做得相当成熟，比如无印良品对于中国本地供应链的市场趋势培训，资生堂以技术和设备作价对中国当地供应商的入股等。

研发和生产的国际化的下一个阶段是渠道和营销国际化，这对于在当地建立自己的品牌认知相当关键，也是最难的一步。此时单纯的卖货逻辑行不通，而是需要对自身品牌定位有清晰的认知，以及对于当地市场和行业趋势有全面的了解。在完成了第一步对于当地采购商和代理商的绑定后，向目的地派驻大量公司的骨干营销团队，把以前当地合作商下面的零售商全部直接变成自己的客户，甚至是自建渠道。因为考虑到当地渠道商和上下游之间，和地产商甚至是政府之间都有着错综复杂的利益绑定关系，所以如果没有前两步的铺垫，基本是九死一生。欧美企业很早便在这一步做得相当成功，日本企业开始做渠道和营销的出海主要是在 20 世纪 80 年代之后，比如服装，优衣库在早年扶植了中国大批供应商的前提下，把日本的 SPA 模式复制到中国自扩渠道，销售规模超过海澜之家，目前处于中国服装市场份额排名第二的位置，而目前大部分中国消费品企业还停留在贸易国际化向研发和生产的国际化过渡的阶段。

伴随着渠道和营销国际化的是文化、人才、金融等方面的国际化。当然 S2B2C 模式也可以被应用到出海模式中，比如抱团出海、共享双边的市场和物流供应链基础设施等。

---

① 易青，《征服全球市场的 7 种武器》（2019）。

文化共融是影响企业出海成功与否的关键要素

从现状来看，中国企业的出海案例大多并不一帆风顺，尤其是到了渠道和营销能力出海阶段。抛开战略因素，背后的文化因素影响往往更大。这从目前中国企业对海外企业的并购案例中便可知晓，比如 2010 年中国纺织业巨头山东如意集团收购日本服装品牌 Renown。 Renown 为日本百年纺织集团，旗下有 Arnold Palmer、Hiroko Koshino 等 30 多个品牌。签约当天 Renown 的股价在东京交易所涨停，借助该收购案，山东如意获得了覆盖日本高端市场的分销网络，并优化了自身作为纺织加工企业在服装设计研发、品牌运营、零售等方面的短板。但好景不长，因企业文化、思维和行动方式，以及中日老板对市场战略的不同理解，比如两国对于开会"守时"概念就有不同认知，在中国"守时"可能会与做事死板挂钩，但在日本"守时"却代表着社会诚信，所以往往会在会谈正事之前两边就已经有了价值观上的分歧。同时，相比日本，中国市场规则的混乱要求企业对市场变化的应变能力要强于长期规划能力，这最终使得两家公司的结合很不顺利——如意集团想要 Renown 大力开拓中国市场 3 年 300 家店、10 年 2000 家店的计划以失败告终[1]。此外，还有阿里巴巴对东南亚电商巨头 Lazada 的收购案例，Lazada 在经历了本地管理层被全部换血的阵痛后依然处在亏损状态中。

从更根本的角度来讲，这和中国的"家"文化有着必然联系。对于祖宗的重视和对于子嗣的关注，是传统中国一个极为重要的概念，甚至成了中国思想在价值判断上的一个来源。这种自古以来对血缘亲情的重视与忠诚，直接影响了几千年来中国人的家庭伦理和政治观念，也很大程度上影响了现代中国的社会心理和企业组织行为。中国企业中只有成为"一家人"才能达成真正的团结。而日本并非如此，历史上虽然日本深受中国文化的影响，但他们的"拿来主义"并不盲目，即便是在日本全面学习中国的时代，他们也对不适合日本国情的一些中国要素做了修正，其中就包括中国传统上对于血缘

---

[1] 资料来源于 NHK 拍摄的纪录片《中国老板驾到——并购日企的 400 天》。

的过分重视。与中国人相比，日本家庭更重视家业和家名而不是血缘的纯正，尤其在选拔家族未来领导者时，更加重视接班人的能力而不是血缘和长幼，相比"家"和"孝"，日本更重视"忠"。

当然，这里并非在探讨制度的优劣，但放在出海和当地企业的融合中，日本和西方企业的理念会让磨合更容易一些。其实在中国新一代互联网企业的身上已经比较难看到传统中国企业的影子，比如字节跳动，作为中国出海最为成功的企业之一，它的企业文化和管理制度更为尊重包容和强调竞争的公平性，比如管理的现地化，因此更容易迅速在全球打开市场。

第 11 章

日本消费社会"货"之图景

——研发设计趋势部分（以明治乳业为例）

大众消费时代黎明期和初期

先定位高端，再做平价

首先无论是做怎样的产品研发设计，其目标都是围绕着解决用户需求和痛点的。在这里，我会从产品本身角度，去分析研发设计的"产品化"在以怎样的趋势变化。可能对于广大创业者来说，更想看到的是针对实现某一类需求的产品技术的解读，更想知道某品牌各代产品升级背后的细节差异，但消费品品类的范畴太广，品牌也是百花齐放，所以对于每家品牌产品的详细拆解我会放在后面的章节和书里。而趋势的解读部分，我选择以"乳品"品类，以及日本乳品行业的绝对龙头——明治乳业的发展史来切入分析。为什么选择从乳品切入来讲？乳品有着以下属性：刚需高频消费的属性，市场规模足够大；适合全年龄段人群，需求是大众化的，当然也会伴随着人口结构的变化、消费升级/降级出现众多细分需求，产品功能延展性很强；在食品类目中属于强研发性品类，投入大、护城河深，能做和敢做的人不多，市场上的噪声很少；一般不会自建渠道，产品属性紧贴着人和场的变化而变化。所以，从研究角度来讲，这个品类是具有一定代表性。而为什么选择明治？首先，明治创立于1916年，是日本一家有着上百年历史的消费品制造业企业。自创立以来，明治经历了日本两个完整的经济周期，可以同时为一个四世同堂家庭的各世代人群提供产品，所以在道的层面非常值得学习。其次，明治在日本的乳品企业里是一个爆品孵化器，每隔几年明治都能针对不同年龄段的客群推出一些现象级的爆品，所以其背后的品牌方法论也值得深入研究。

在步入大众消费时代之前，大部分人的需求是实现基础消费品的自由消费。所以大部分品牌在研发上的努力是为了实现原中高端商品的平价化。比如明治创立于二战前不久，这段时间日本处于粮食极度短缺的状态。牛奶、奶粉、酸奶是当时日本上流阶层的消费品，中国七八十年代也很少有人喝得起酸奶和奶粉。所以对于明治来说，第一阶段要做的就是把酸奶、奶粉从上流社会扩散到普通家庭里面，以产品为驱动，以较低成本实现奶制品工业化的量产。1950年，随着发酵乳连续发酵装置的开发成功，明治生产了一款蜂蜜酸奶，这款酸奶被称为日本大众酸奶的先驱性产品，它让所有日本人都喝得上酸奶。之后，随着人们收入的提高，人们的需求从喝得上酸奶转变成了喝上好酸奶，所以明治就在1957年通过提升牛奶中的乳固体形分含量，做了一款营养成分豪华版的酸奶——明治GOLD牛奶，当时被称为日本的"牛奶之王"。

明治蜂蜜酸奶（1950）
被认为是大众酸奶先驱性产品

明治GOLD牛奶（1957）
营养成分豪华版升级，被称为牛奶之王

图3-2　明治蜂蜜酸奶和明治GOLD牛奶

销售渠道上，当时的社会主流零售业态以夫妻店、百货店和 GMS 为主，但由于这些场早期并不具备上架冷藏食品的设施能力，且像 GMS 一般都开在郊区缺乏便利性，所以不适合乳制品铺设，于是明治早期拓展了很多自己的直销渠道。其实日本早期有不少消费品公司会像明治这样自建流通渠道，当然随着日本零售渠道的逐渐发达尤其是到了 20 世纪 70 年代前后，GMS 达到鼎盛期，便利店也开始出现，这些公司才逐渐选择和上述渠道进行绑定。

大众消费时代成熟期

构建内研发创新力开发新品类，实现产品差异化

对于明治来说，如果说 0 到 1 是产品驱动，1 到 10 就是明治全品牌产业链驱动的阶段，是建立自己竞争壁垒以及积累自己品牌资产的关键阶段。

接下来日本步入了大众消费时代的高度成熟期，也就是差异化消费阶段，市场上新人类世代人群和泡沫经济世代人群开始替代团块世代掌握消费话语权，在他们身上，追求消费的差异化、消费的快爽感、审美升级、品质感、健康化等一直是共性需求。既然市场需求发生了大的变化，一方面要留住以前的老用户，另一方面要不断满足新的人群需求。

因此，对于明治来说必须做的事情就是"破圈"，即不仅要把产品服务、品牌文化等渗透到不同圈层的人里，而且要寻找新的对的渠道。如果一味守住旧的渠道比如 GMS，就无法把握新的时代需求，因为年轻人都不去 GMS 买东西。但相反，如果它选择了一个年轻人都爱去逛的渠道，就相当于搭上了时代高速发展的列车。

日本在 20 世纪 70 到 90 年代有两个增长非常快的线下渠道：一个是便利店，另一个是自动贩卖机。这两个渠道带火了日本很多食品和饮料品牌，比如雪印的每日骨太系列、麒麟啤酒、Pocari Sweat 等。对于明治来说也是一样的，我们后面会提到的明治保加利亚酸奶，也是通过切中日本便利店渠道的红利火起来的，这款酸奶一直火了 40 多年，被称为日本的"国民酸奶"。

除此之外，还有一个重要的变化就是需求的碎片化，它使得明治没有办法再像以前那样，比如通过研发一种配方、购买一项专利来完成0到1阶段的积累。因为市场需求的碎片化，节奏越来越快，0到1的打法很有可能让自己跟不上步调。现在国内很多品牌的0到1都是靠营销驱动，但是增长到1—2个亿就会遇上瓶颈。因为接下来的增长一定是来自强大的产品力驱动，这时很多创始人一听到要把赚来的钱投入到耗资严重的产品研发里就会望而却步，这样是很难从1走到10的。

想解决需求的升级和碎片化这个问题没有捷径，只能依靠源源不断的内创新力。如果我们看酸奶的研发，酸奶的很多口味、口感、成分功能的创新都是来自不同乳酸菌的研究和培养，但乳酸菌的研究和培养本身是一个高投入、反馈周期较慢的过程，又是不可或缺的。明治在这一方面投入大量经费，建立研究室，同时和学术圈建立联系，并在专业期刊上持续产出论文。正是这种源源不断的内创新力，使得它可以不断地推陈出新，在第一时间满足新的消费需求。比如下面这几款产品：第一个是明治的无糖保加利亚酸奶，它满足了人们追求健康的需求，同时为了把酸奶的味道还原，还主打了酸爽感的概念。第二个是明治的菇形和笋形巧克力零食，这两款产品在日本是具有非常强话题热度的产品，围绕着这两款产品分别形成了百万人级别的粉丝党，来投票到底是菇形的巧克力好吃，还是笋形的巧克力好吃，而且这

明治无糖保加利亚酸奶　　菇形和笋形巧克力零食　　SAVAS运动蛋白饮料
　　　　（1973）　　　　　　　（1973）　　　　　　　　（1980）

图3-3　明治保加利亚酸奶，巧克力和SAVAS运动蛋白饮料

一投就投了 30 年才分出胜负。第三个产品是 SAVAS 运动蛋白饮料，明治当时通过找日本的奥运会选手代言的方式，把这款产品做到了日本运动饮料品牌的销量第一。此外，明治还发明了很多药品，比如 Meilax，这款药品的功效是缓解焦虑，在日本的泡沫经济前后卖得很好。

后大众消费时代

专注于简约、功能性、保健性和性价比

之后就是明治的 10 到 100 阶段，日本进入了"失去的 20 年"阶段和超老龄化社会，市场共性需求的关键词为高性价比、简约理性、功能保健性、延缓衰老等。围绕这些关键词，明治在产品上的突破依然靠研发能力来实现。因为在 1 到 10 阶段对于研发的坚持投入使得明治积累了 5000 多种有价值的乳酸菌样本，这之间不同的排列组合让明治拥有了大量针对不同消费需求的菌种搭配方案。比如明治酸奶 LB81 系列（以编号 LB81 乳酸菌为主要菌种搭配的酸奶），它主打的功能是肠道健康；明治酸奶 R-1 系列，这款主打的是激活免疫系统，防感冒的功效；明治酸奶 PA-3 系列，主打的功效是抗嘌呤体和对于血清尿酸值的抑制作用（图 3-4、图 3-5）。整体来看，这三点都突出了其产品的强功能保健性甚至是代替处方药的食用价值，和上一阶段主打品类/口味上的差异创新还是有较大区别的。此外，针对消费降级，明治还开发

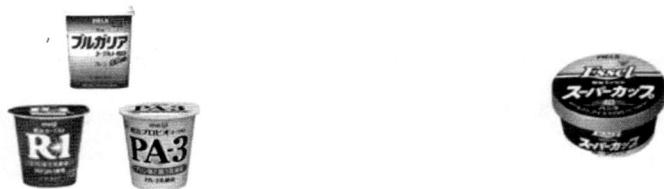

明治酸奶LB81系列（改善肠道环境）
明治酸奶R-1系列（激活免疫系统，防感冒）
明治酸奶PA-3系列（对抗嘌呤体）

明治100日元冰淇淋系列（1994）

图 3-4　明治 LB81、R-1、PA-3 系列酸奶和 100 日元冰淇淋系列

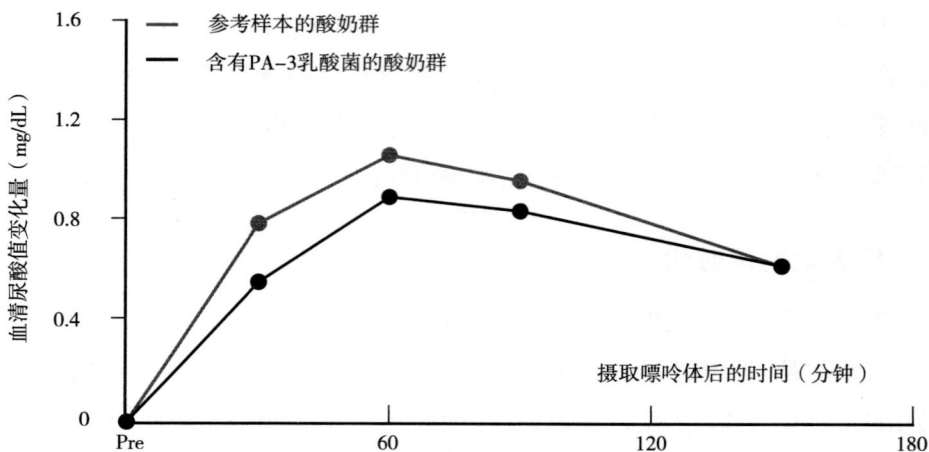

图 3-5 明治酸奶 PA-3 系列对血清尿酸值升高的抑制作用

了一款 100 日元冰淇淋系列产品，选择使用植物性脂肪代替动物性脂肪，在不失风味的前提下把产品成本降下来。

对于中国的参考意义

明治乳业只是众多日本消费品企业的缩影。对它们来说，关注人的变化远比关注场的变化更重要。而人的需求又存在诸多共性，且是不分地域的，随着人口年龄结构的变化，那些潜在的共性需求会映射出巨大的市场潜力。比如日本当下不可逆的少子老龄化趋势，反映的是整个社会追求健康、追求功能性和性价比的趋势，所以此前所有的消费品都可以在原有的配方基础上添加上述属性成分，以一个新品牌或者新系列的方式重做一遍。当然在这类共性需求外还会衍生出大量细分需求，所以只要相应的销售渠道尚未被头部品牌所垄断，消费品创业的机会就会一直存在。

我们知道，中国的人口年龄结构变化比日本要慢 20 年左右，所以共性需求的到来也会比日本慢上 20 年。因此，当我们回过头去看日本 20 世纪八九十年代成长起来的消费品品牌时，是能够找到大量创业灵感的。现实也确实如此，无论是已经估值百亿美元的元气森林，还是已经登陆港股的名创优品，仿日风的产品概念和营销都在它们的成功中起到了至关重要的作用。当然，"仿日"也并非万金油战术，对于需要靠功能而非颜值取胜的赛道来讲，日本企业几十年的研发沉淀是无法通过外部观察被快速复制的，这里除了埋头做产品真无其他制胜法则。业内有一些方法可以加快这一愿景的实现，比如"海外品牌+中国孵化"，但无法从根本上解决这个问题。

消费品品牌

第 12 章

"人""货""场"的规律性重构带来的机会

品牌的机会一直都有

之前国内很流行"价值链重构"一说。基于此前对于日本消费行业人货场的分析，每个阶段之间的迭代都是价值链重构的体现。大部分重构都会释放出机会信号，对于创业者来说抓住这些信号则有弯道超车的可能。那人货场重构带来的机会最容易利好哪一种商业模式，我认为是消费品品牌。相比于渠道和供应链，消费品品牌的价值链要覆盖人货场的所有环节，尤其是 0 到 1 的阶段，只要人货场的某一方出现重构的红利，那么品牌就有讲出不一样故事从而脱颖而出的机会。此外，由于品牌本身的强资产属性，所以认知和资源整合能力往往会发挥更大的作用，体现在杠杆更高、想象空间更大。

我们发现，当新一代科学技术在商业应用层面释放的红利逐渐衰弱时，渠道的结构性变化机会也会逐渐消失，因此渠道固化、话语权变强是必然会发生的。比如当今日本线下零售格局，已经进入到了以永旺、7&i 等巨头为核心，松本清、堂吉诃德、大创等共存的"两超多强"的局面，即使是电商这样相对新的模式也很难撼动上述公司的地位。但人口结构带来的变化，比如少子老龄化的加速产生的新需求是不断变多的，因此为了满足这部分需求的消费品必然会出现，但商品进入渠道后获得的流量扶植和营销赋能，往往难以和早年在上述渠道起飞时和渠道已经深度绑定的品牌相匹敌，比如资生堂、花王等品牌和松本清的绑定已经稳固到了互相持股的程度，所以新品牌想撬掉它们拿到药妆渠道的顶级资源是很难的。但这也并不代表新品牌完全没有机会，渠道本身也会对内部的品牌不断进行净化淘汰来保证自身随时跟得上时代新潮，只不过此时新品牌需要自力更生，通过极强的认知能力和内部管理执行力来突破资源的限制，成功后无论是自成一派还是被大品牌收购都会是比较圆满的结局。

品牌，怎么看

市场对于品牌概念的理解是一个百家争鸣的状态。尤其在这几年国内品牌热浪到来之后，基本成为消费行业从业者绕不过的话题。因为个人的理学背景，所以我会尝试把品牌用某种可量化的视角来拆解。先要有一个比较大的前提，即品牌作为一种代表文化精神信仰的符号，是一种对于消费者心智份额的占领。

那么这种心智份额的占领如何实现？第一是通过品牌自身的价值链。一般地，从市场研究定位开始—选品—原料—研发设计—生产—定价，然后同步进行渠道销售、营销规划等，每一个环节品牌聚焦为用户创造价值所花的心血，最后都会以品牌故事的形式叠加在用户的心智里，形成一个自洽且宏大的品牌观。从定义上看，品牌虽然涵盖整个人货场链条，但早期大部分资产其实是在货部分。这里可以把货从开始的定位到销售的每个环节都想象成可以为货赋能的场域。比如松本清旗下的自有品牌牙膏，在配方研发环节，它除了会添加前几代牙膏都具备的防蛀、除口臭的配方，也会加入防牙周病的成分来满足对口腔健康有高端护理需求的人群，这是研发场的赋能；在设计环节，会选择看起来高端但高性价比的日系包装风格，这是设计场的赋能；在渠道环节，会选择国民第一药妆渠道来背书等，这又是渠道场的赋能。上述的每一个动作，都可以线性地叠加货的"质量"，或者叫品牌资产，为后面形成强大的货能——转化为消费者的心智重量做准备。

第二是通过跨圈层的渗透获取共鸣，这里包含跨年龄、跨地区、跨文化、跨职业等。往往圈层差异越大的人们如果获得了相同的品牌体验，就会形成强烈的认知共鸣。直观地来理解，比如一个日本著名作家和一个中国高人气带货网红，他们分别在各自社群里讨论一个代餐品牌可以如何帮助他们健康地三天减肥 4 斤，因为各自圈层重合度低离得远，一旦其中有人意外发现产品中的"山川虽异，日月同天"——虽然人们来自不同国家有着诸多不同但却拥有高度一致的产品体验，就会让各自圈层内外的人，直观感受到货的实在性、扩散度和穿透力。

在做品牌还是在做货？

为了进一步帮助各位理解什么是品牌，这里再讨论一个当下被热议的话题——做品牌和做货的区别。

近几年，中国流量营销场的重构红利被大幅释放，快手、抖音等新的内容直播平台迅速崛起，因此也带火了众多中小品牌。但和动辄有上百年历史的欧美、日本品牌相比，这一波崛起的品牌大多在成长到 1 亿—3 亿元人民币规模便遇到增长瓶颈，加上创投市场对于短期回报的追求，导致大部分快速崛起的中小品牌被批为是在"卖货"而非"做品牌"。这两者看似在理念上是相斥的，一个追求短期回报，另一个坚守情怀。但实际上，任何一个品牌都无法避免艰难的以生存为首要目标的 0 到 1 阶段，所以"卖货"本身是一种品牌的市场战略行为，而非品牌的"价值观"体现。但因为品牌本身又是一门对"价值观"要求极高的生意，需要创始人做很多无法在短期内直接看到回报甚至是利润亏损的事情，所以本着"卖货"思维来做品牌通常都不会长久。关于两者的具体区别可见下表：

图 4-1 做品牌和做货的区别点整理

	做货	做品牌
目的	产品开发(核心为 R&D)	内涵开发(核心为 A&P)
关注点	功能—品质,市场占领	使用场景—便利性—心智占领
关联产业链环节	研发—生产—渠道—营销	全产业链
思维模式	流程化思维 反映在损益表上	发散性思维 反映在资产负债表上
核心	偏重短期战术(重视品类选择、技术卖点、产品品质)	偏重长期战略(重视定位、组织方式、品牌延续)

关于品牌的基本概念已陈述完毕，在后面的章节中我会着重以案例的形式来讲述品牌在 0 到 1 阶段的崛起路径，此前我们分别分析了日本人货场的几波重构逻辑，那么日本的消费品品牌是如何抓住每波每个环节的重构机会崛起的？

第 13 章

抓住"人""货""场"的规律性
重构机会成功崛起的品牌案例

品类创新案例——Lucido（货的重构）

利用货层面的重构完成 0 到 1 的方式，主要聚焦在两个层面：一个是新品类创造，另一个是原有品类创新升级。这里举日本 Lucido 男士理发品牌的案例。

Lucido 简介：Lucido 为知名男士个护品牌 Gatsby 的母公司 Mandom 推出的一款无香味男士理发产品，是日本消费升级期的第一款成名的无香味男士化妆品品牌。推出后 8 年内，品牌年销售额达到近 200 亿日元（折合 14 亿人民币左右），市场占有率高居榜首。

Lucido 的从 0 到 1，先科普一下日本的男妆行业发展演变①：

1. 男士专用化妆品品牌在日本的出现是在 20 世纪 60 年代，也就是日本战后婴儿潮出生的人成人后的那个年代。基本可以类比为中国"60 后"成人后的 90 年代。但当时刚出现的产品品牌的定位是实现最基本的个护功能，比较知名的是狮王的 Vitalis 定型水（Vitalis 现在市场上依然在卖）和资生堂的 MG5（一度占了资生堂销售额的 10%），都出现在日本的 60 年代。

---

① 资料来源于水尾顺一《化粧品のブランド史》（《化妆品品牌史》）。

2. 此后进入的大消费升级期，团块世代人群开始成为市场主力消费群体，这个人人爱美的同质化消费时代，男士化妆品产品重心开始从个护向美妆转变，以 Mandom、Gatsby 等品牌为主。

3. 此后比团块世代人群晚 10 多年出生的"新人类"人群开始掌握时代话语权，他们看不惯只知道努力拼搏收集三大件的"团块世代"的消费观，对信息大爆炸、品牌大爆炸感到厌倦，这种否定使得整个市场的风向又重新由美妆转移到个护，以资生堂于 1980 年开发的 Auslese 男士护肤品牌为起点，一直延续到泡沫经济前夕。

Mandom 公司开发 Lucido 的年代是在 1989 年，当时日本的经济泡沫达到顶峰，各个品牌都在疯狂扩充自己的产品线，品牌创业热度极高，"所有消费品都有被重做一遍的机会"的概念也正被传遍大江南北。

当然，这对于消费者来讲是一个信息爆炸的市场环境，很容易陷入选择困难。在这样的社会背景下，Lucido 的品牌概念被创造出来：一是把原属于这个品类产品的基本功效做到极致，二是注重产品亲和感和便利性。

对于第一点，考虑到理发产品最先要满足的基本功能为定型、整洁，要有快爽感。其他的如香味也好，包材设计也好，都属于附加价值功能或者和其他产品打差异化的功能，所以这里要去差异化，就得将额外没必要的附加价值功能给剔除掉。第二点，就是对消费者来讲是否能马上理解产品核心功能点，而不需要读冗长的产品说明书，使用时是否方便，是否能尽快出功效。以这两个理念为基础，Lucido 开启了自己的产品研发之旅。

其实在女性化妆品里，无香味在当时不是一个新的概念，但在男士化妆品里却未有人尝试。但通过市场调研，研发团队发现很多男性消费者其实对"身边到处有各种各样的香味"是有规避/逃脱倾向的。但对于当时的技术来讲，单纯把香水从配方中剔除并无法直接实现这一效果，因为原料本身也是有味道的，所以需要彻底地将原料的味道去掉。因此采取了以下两种方式：一是尽量采用无味的可代替材料，二是使用滤化器，并通过投资原料厂的方式让双边研发团队紧密配合。

后来 Lucido 发现"去香味"这一概念适用于所有想让头发整洁但没有香味的男女老少，也包括此前根本就不用理发产品的消费者，于是便开始深入挖掘这类产品的潜在客群。

1993 年，针对女性消费者的 Lucido L 产品上线，实际当时女性消费者只占它整个客群的不到 20%，而且以男士化妆品品牌去朝女性客群切入，难度相当大。一般都是反着来，而且女性会帮男性做转移消费。比如现在的欧莱雅的护肤产品，主打女性，男性款都会写"××for men"。但是无香味概念在女性个护品牌中基本已实现普及，所以只能打"无香味＋×"这类双重概念去做差异化升级，如"无香味＋耐湿性"，即使湿气较重的天气里也可以很干爽。此后，Lucido 也尝试过将这一概念朝其他品类如沐浴露、洗发水方向应用但并没有收到好的效果，可见这一概念基本只适用于理发相关产品。

渠道选择上，Lucido 选择了当时有着巨大流量红利的日本便利店渠道（当时还有百元店、折扣店、SPA 类业态等渠道有很强的流量红利，但商品和渠道特性并不匹配）。Lucido 产品的快消属性小 size、功能易懂、易使用（消费者依靠自助服务，无须在如屈臣氏等渠道内依靠导购形成消费闭环）很适合上便利店货架。

市场营销层面，想将"无香味"这个概念打入人心也是有难度的。由于日本男性化妆品品牌大多都是有香味的，所以请日本大牌艺人来带货无疑很难去掉"××艺人＝××有香味的化妆品品牌"的传统认知。于是 Lucido 找了 5 个国外艺人，将产品人设故意分散化，彻底将"无香味 = Lucido"的概念灌输给消费者。

消费升级过程中，我们看中国一线城市以及中部二线城市是很好的培育下一代消费品品牌的土壤。从品类来看，目前化妆品品牌创业是个小风口，其中男士化妆品又在趋势之中。在这个细分品类里，起初的品牌创始人一定会通过在基础功能上加 N 个附加价值来创造品类给品牌定位，但其实做减法也是一种很棒的思路，尤其在行业过度差异化竞争的情况下，这种偏防守型的进攻往往会收获意想不到的成功。

如果你成功地通过研究"人"抓住了"货"的重构趋势，做出了一款你觉得自信满满能爆的货，那接下来最重要的事情就是找销售和推广营销的渠道。是否能把握住渠道重构的趋势，并利用它的势能扶摇直上也决定了品牌是否能成功。这里讲一个日本抓住零售渠道端重构起飞的饮料品牌案例——Pocari Sweat。

抓住渠道流量红利起飞——Pocari Sweat（场的重构）

Pocari Sweat 简介：Pocari Sweat 是日本大冢制药旗下的一个运动饮料品牌。在品牌生命周期非常短的饮料行业，Pocari Sweat 自 1980 年被创立以来作为运动饮料头部品牌至今火了近 40 年，且只用了 19 年的时间便实现销售额破 1500 亿日元（100 亿人民币）的业绩。

首先，了解一下日本的饮料行业发展，看看每个阶段到底啥最火①。

第一阶段：1945—1979 年。为行业的快速发展准备期。市场上的知名饮料品牌以可口可乐为主，这个时期主要是饮料从"高级饮品"向大众消费品转变的时期，品类以果汁和碳酸饮料为主。

第二阶段：1980—1999 年。行业步入高速发展期，随着经济的高速增长和人口快速增加，整个社会开始由大量生产大量消费过渡到差异化消费时代。在果汁和碳酸饮料基础上，这个阶段出现了运动饮料、饮料矿泉水、啤酒饮料等新品类。随着"伊藤园"提出"茶不仅仅是只有在家/正餐场合才能喝"的概念，茶被赋予了如"随时，随地可消费""想喝，来一瓶"的饮料快消品属性。同时打出无糖的概念，颠覆了"饮料 = 甜"的对应关系。日本的矿泉水行业也随着不同使用场景分化出了众多细分品牌。上述新品借着便利店和自动贩卖机数量的激增，引爆并主导了日本的饮料市场。

---

① 资料来自《战后日本清凉饮料史》。

第三阶段：2000 年至今。行业由成长期过渡到成熟期。随着日本社会老龄化程度的加深，以及超中年人群的增加，消费者开始重视饮品的健康、保健等属性，此时绿茶饮料，尤其是无糖绿茶饮料、功能性保健品饮料开始变得热门。"麒麟"旗下的品牌"生茶"，2000 年的销量突破 2250 万瓶，成为一个现象级存在。

Pocari Sweat 的从 0 到 1：Pocari Sweat 的母公司大冢制药是日本一家著名的药厂，长期生产医用电解质液。做运动饮料这件事，源自社长在海外旅行时突然联想到的一个主意：人体出汗觉得渴是因为体内电解质的流失，那是否可以做出一个成分和人的汗液接近的饮料？既然大冢制药是日本做点滴液技术的顶级药厂，技术层面实现难度不大，不如试一试。

既然是做饮料，那饮品需要实现的消费者的最底层的需求是什么？一个是补充人体因出汗而丢失的水分，止渴；另一个是味觉满足，甜味占多数，而且能让人上瘾就更好了，比如某咖啡、某茶。

做出一个成分和人的汗液接近的饮料，提出这个想法是在 1980 年。盐水饮料出现在中国市场是在 2005 年前后，但并没有火，还有其他如"饮料+营养素"等概念也都烂大街了。但在我看来，这并不是 Pocari Sweat 最终火爆的主要原因。而是另外两点：Pocari Sweat 的背后医药品制造的技术功底，Pocari Sweat 对于渠道红利的精准把握。

一个产品是否能持续迭代出其他产品线，甚至最终形成品牌矩阵，核心能力便是研发能力，是否有一个能持续提供配方迭代的研发团队是由"做货"向"做品牌"跃迁的关键。Pocari Sweat 的研发团队是做点滴液的日本顶级团队，因此打"饮料+电解质"的概念时，他们的核心不在饮料的基本功能上，而在依靠补充电解质来解渴这件附加价值的事情上。因此其应用场景除了运动以外，也适合其他任何出汗要补水的场景，如泡温泉、饮酒过度等，并在营销的过程中通过应用场景的多变来极力表现自己和其他运动饮料品牌的区别。这么做使得它轻轻松松就能和当时任何细分的饮料品牌做跨界竞争，而且在止渴这个概念上你拼技术拼不过它。不经意间，品牌的天花板被提升了几个层级。

另一点是渠道。饮料的"随时，随地"消费的便利性，注定了它需要被铺设在任何一个离消费者最近的渠道。在日本，这类渠道有两种：一种是便利店，另一种是自动贩卖机。便利店大家都很熟悉了，7-ELEVEn、全家、罗森，这三家基本垄断了日本的便利店市场。2018 年年底，7-ELEVEn 在日本的便利店数量超过 25000 家，靠终端渠道的密度覆盖实现了最后一公里。自动贩卖机，去年我在京东做投资的时候，阿里在各种收割国内市场上的自动贩卖机渠道，社区零售生意在中国还处在一个方兴未艾的阶段。但在日本，它的密度比便利店要高近 12 倍。走几十米、几百米路就可以看到一个，非常便利。下图展现了日本自动贩卖机的台数和销售额的变化趋势：

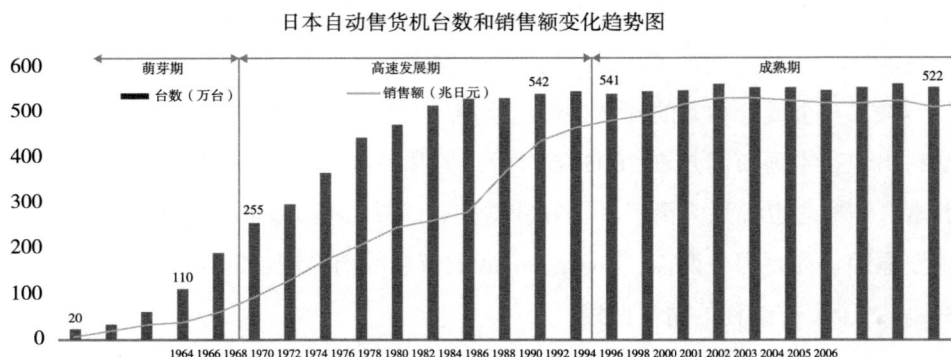

日本自动售货机台数和销售额变化趋势图

图 4-1　日本自动售货机台数和销售额变化趋势图①

Pocari Sweat 出现在 1980 年，正值便利店革掉百货和大型商超的命，进行大举扩张的年代，同时也是自动贩卖机渠道的高速发展期。在一个有巨大流量红利的上升渠道里躺着，并和它形成良好的合作关系，是任何一个品牌的梦想。想象一下，当你的商品被铺设在全日本几百万台、2 米高的自动贩卖机

① 资料来自日本自动贩卖机协会各年数据。

的 1.5 米高度——和人们视线齐平的货架上，在仅有的 30—40 个 SKU 里独占 C 位是一种什么样的体验？而且这个渠道最后竟然成了占据日本饮料界销售额 30%以上的渠道。Pocari Sweat 在初期便和便利店和自动贩卖机渠道形成了深度绑定，推出后 5 年，年销售额便突破 500 亿日元（折合 35 亿元人民币），并和伊藤园一起牢牢占据日本饮料渠道 C 位火了近 40 年。

当然，并不是所有品牌都能发现"宝藏渠道"并与之建立共生关系的。大部分渠道在小时候通常都是需要爆款且设置低毛利及各种打折来吸引流量的，除非品牌已经积累了部分势能可以让渠道借力，不然渠道在初期不会帮你去推新品。但过了这个规模化的时间点后渠道便开始导入较高的毛利品。如果你是一个策略为高举高打的品牌方，要抓住的就是它们转型前的一部分时点。但大部分品牌方在选择渠道时都是跟风，看市场上流量最大的渠道是什么，或者全渠道铺设没有侧重点。这其实会消耗大量的市场营销费用。但如何找到"宝藏渠道"，又是一门学问。本书中对"场"的解构希望帮助各位找到它的爆发红利。

讲完了两个大消费升级期中高举高打的品牌案例，接下来讲一个专攻消费降级的消费品品牌：三得利 Hop's。在一般人眼中，消费降级市场，做消费品的难度由大到小分别是：做品牌 > 做渠道品牌 > 做渠道，一层一层打掉商品和服务的附加价值。而这个品牌，却恰恰出现并火于日本的泡沫经济破碎后的消费降级时期。通过"时间机器理论"，我提出了日本消费降级社会和中国下沉市场的诸多关联。因此，这一案例，也适合想打中国下沉市场品牌来学习。

切中消费降级需求成功逆袭——三得利 Hop's（人的重构）

首先讲一下日本的啤酒行业。1950 年，日本的啤酒的饮用场景还是以外部业务用为主，占 75%，家庭消费只有 25%。到了 1978 年，家庭消费占比上升到了 78%。而且相比日本烧酒、清酒、威士忌等，日本的啤酒消费量占整体酒类消费比例一直没有低过 65%，可见市场规模之大。

但相比饮料，日本的啤酒行业是一个相当集中的市场。战后，占据市场份额 70%以上的"日本麦酒"解体，分拆成"朝日啤酒"和"SAPPORO 啤酒"两家公司。分拆后两家公司一直互相保持着胶着的竞争状态，1953 年"麒麟啤酒"横空出世并成功超过这两家老牌劲旅，并一直保持着行业领先地位。1983 年，"朝日啤酒"进行战略转型，抓住了啤酒消费主力人群代际变更（团块世代人群到新人类人群的转变）导致的口味需求变更的机会（由喜好味苦重到喜好味辣+快爽感），推出"朝日 Super Dry"系列，成功逆转。泡沫经济危机后，"麒麟啤酒"为了抢回被朝日夺走的市场份额，推出了"一番搾り"系列高端啤酒，但考虑到"向消费者提供高质低价的商品"为企业最高优先级战略，价格设置上"一番搾り"的价格并没有比其他系列高很多，又一次点爆了市场①。

图 4-2 所示为日本啤酒行业公司市场份额变化趋势。可见朝日啤酒、麒麟啤酒、三得利和 SAPPORO 四家基本实现了市场的垄断。

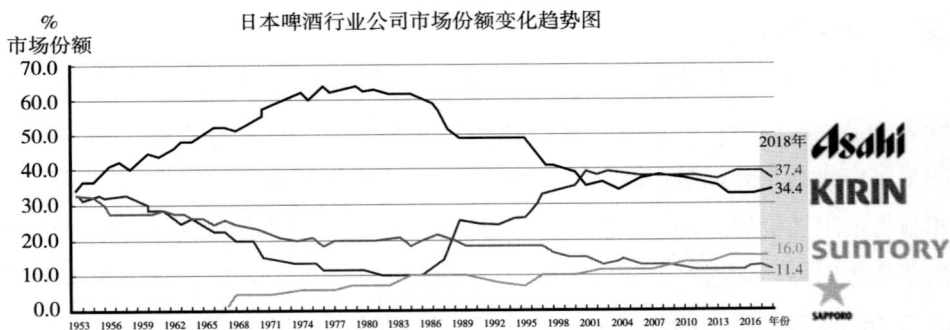

图 4-2　日本啤酒行业公司市场份额变化趋势②

1993 年第一个发泡酒品牌面世（麦芽使用率小于一般啤酒的 2/3，价格比一般啤酒便宜很多）。从它出现到 10 年后的 2003 年，发泡酒的年消费占整

---

① 资料来源于《日本ビール業界への警钟——麒麟麦酒 100 年にみる日本ビール業界の課题》山口一臣，各家公司年报、财报。

② 根据各家公司年报、财报数据整理。

个啤酒消费的比例已经从 0 上升到了 39%。2003 年后，针对发泡酒的课税提升，日本发泡酒销量开始下滑。随着日本社会人口老龄化的进一步严重，无酒精酒的概念受到人们推崇，于是"0 麦芽使用率啤酒"（日本称第三类啤酒）登场（图 4-3）。接下来要讲的案例是在泡沫经济后的消费降级时期，第一个推出发泡酒产品并引爆市场的品牌"三得利 Hop's"。

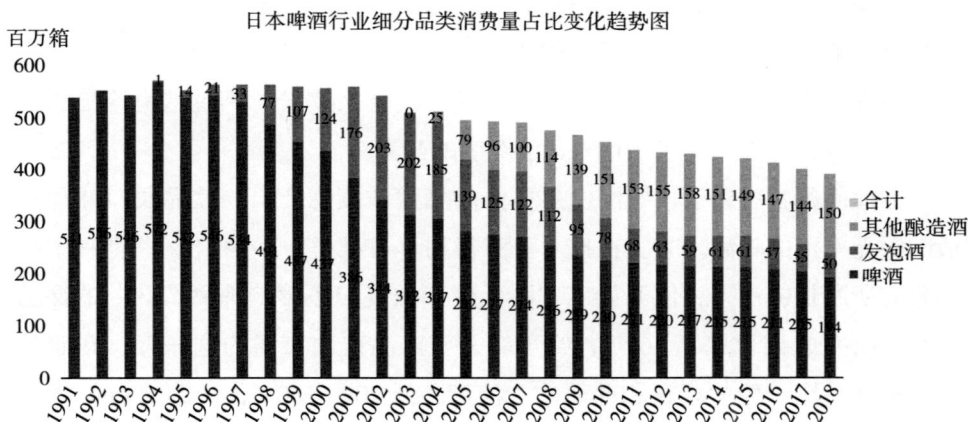

日本啤酒行业细分品类消费量占比变化趋势图

百万箱

图 4-3　日本啤酒行业细分品类销售额占比变化趋势

"三得利 Hop's"的从 0 到 1：消费降级期全日本消费紧缩，国产啤酒品牌纷纷靠打折把产品送入消费降级渠道，市场上也充斥着大量价格极低的进口低端啤酒。各种恶意的价格竞争，给企业和品牌带来了致命的打击。不过消费者也习惯了用好的东西，降级是降了，但谁都不希望用省下来的钱去买劣质的货，转也是朝极致性价比转的优先级更高些。因此在这种情况下，企业就必须重新去思考定义商品价格和价值之间的关系。三得利要做的，就是去开发一种品质口味和一般啤酒无差别但价格又能便宜很多的产品。

既然要省钱，那首先得知道一瓶啤酒从生产到上市销售的成本结构。这里不得不提日本的酒税。按照当时的酒税法规定，根据麦芽使用率会分为三档，一档是 67%以上征 222 日元/升，其次是 25%—67%征 152.7 日元/升，最后是低于 25% 征 83.3 日元/升①。像市面上的朝日、麒麟，为了确保啤酒口味的纯正（苦辣口，快爽感），麦芽使用率基本是 67% 以上，光是要交给政府的酒税就占了零售价的近 40%。且消费者心中也会把"麦芽使用率和啤酒的好喝度成正比"当成一种常识。除了酒税外，其他的比如原料、人工、渠道、市场营销等层面，能省的并不多。尤其是渠道，经济下行期，有流量红利的渠道以便利店、折扣店、百元店等为主，除了便利店该铺照样铺外，像堂吉诃德这样的折扣店以前高举高打的品牌是很难下沉进去的。所以如果要做一款极致性价比的产品基本和重新做一个品牌没什么差异。不过这也恰恰给了三得利机会，仿佛进入了一片无竞争对手的蓝海。

因此问题就变成了，如何使用更低的麦芽浓度生产出一款品质口味和一般啤酒无差别的啤酒。其实在技术上三得利早有准备。1974 年，三得利的啤酒研究所所长中古先生便开始了"降低麦芽浓度但不影响啤酒口味"的课题研究，研究成果积累了 20 年，终于等来了产品走向市场的这一天。在定价上，新产品比一般的朝日和麒麟的主流产品低 20%—30%，一罐 500mL 定在 250 日元。为了进一步突出极致性价比概念，根据"啤酒的商品价格价值＝味觉价值+感官价值"，在味觉体验各家无大差异的情况下，就需要把感官体验放到最大。因此，新品牌名"三得利 Hop's"面世，逻辑为：价格低又好喝，那就随时来一罐，"Hop，Step，Jump"！在包装上，选用白底红绿色搭配的色调突出轻快感；同时也自己开发了一个让人易识别的"Hop's 大叔"头像 IP 印在瓶身，多了几分成熟稳重的气质。非常适合当时的啤酒主流消费人群——30—40 岁因经济危机而焦虑的日本工薪族。

"三得利 Hop's"出来没多久，就在静冈县的便利店和折扣店渠道上架做测试销售。稍作调整后，只用了 4 个月的时间就扩展到了日本全国。此后为了应对竞争对手的价格竞争，三得利推出了麦芽使用率小于 25% 的"Super

---

① 酒税法，昭和二十八年 2 月 28 日法律第 6 号，内容涉及酒税的征收，以及酒类制造与销售许可，其规定超过一度（酒精浓度）的含酒精饮料都属于该法定义的酒类。

图 4-4　"三得利 Hop's"啤酒产品外观图

Hop's"，上市仅一年便突破了年销量 1500 万瓶。这基本和啤酒饮料区别不大了，不过却正符合未来消费者低麦芽度、无酒精的饮酒需求。借助这两个主要产品线，三得利的市场份额从 1994 年起的不足 10% 上升到了 2018 年的 16%。

第 14 章

错过"人""货""场"的规律性
重构机会失败的品牌案例

无印良品败在品牌①

作为在日本 90 年代消费降级趋势中飞速发展起来的渠道品牌，无印良品的成长之路有非常多值得去学习的地方（尤其是 2001 年松井忠三临危受命帮助无印良品扭亏为盈的案例）。但近些年无印良品在海外市场，尤其是中国市场的表现并不尽如人意，败退迹象明显。很多人说是因为国潮崛起，无印良品受到名创这样的后起之秀的冲击，商业神话遭遇滑铁卢，但在我看来，无印良品出问题更根本的原因并非如此。

先抛出一个结论：无印良品的基因是一家卖货公司，而不是一家品牌公司。

在众多国内消费行业的大咖的印象里，无印良品其实是一个设计感十足，甚至可以和轻奢画上等号的品牌。确实如此，无印良品在国内一线城市的旗舰店，其奢华的装修风格展现出了其中高端的客群定位，象征着低调奢华有内涵的审美，但让人难以理解的是，无印良品在日本的定位并非如此。

首先，无印良品在日本的上市公司主体名称并不叫无印良品，而是叫作

① 资料来自西友各年年报和财报、良品计划各年年报和财报、松井忠三相关著作、Shared Research JP 所做的研究分析报告、无印良品的公开资源整理。

"良品计画"，是日本企业中的新品规划事业部的叫法。其实没错，无印良品的前身就是日本的大型综合商超"西友"的渠道品牌部门。

为什么西友要做渠道品牌这个事儿？还得回到 1979 年的日本。1979 年日本在经历了第二次石油危机之后，整个国家消费市场受到一定冲击，消费者开始关注商品价格本身和性价比。同时品类杀手店崛起，它们依靠长期深度绑定的供应体系，也在价格上进一步冲击了此前常年霸占日本零售业前 10 的百货和大型综合商超企业。在这样的环境下，西友紧跟着老大哥大荣的"No Brand"渠道品牌后面，自己在 1978 年也开始了自有品牌的研发。

1980 年，无印良品开始走向市场，起初只有 40 个品目（SKU），其中日用生活杂货有 9 个，食品 31 个。而且还特别突出了"わけあって安い"的理念，意思就是"便宜但值得"，针对大众的去品牌溢价需求，把一件商品的本身该具备的基础功能打造到极致，其他的一概不要。

1980—1988 年，西友不断地向无印良品输送流量、渠道和营销资源，无印良品作为西友第二增长曲线的主力，只要是西友的卖场，大多都会有无印良品的影子。所以早期无印良品的定位与其说是独立品牌导向，不如说是高毛利商品的销售渠道导向。品牌的文化底蕴打造和营销内容的推广，虽然在战术层面被贯彻执行，但并未成为无印良品品牌的战略重点。

在巨头的扶植下，无印良品销量快速起飞。因为商品的高性价比，所以口碑效应很好，品牌也开始自带流量。与此同时西友还花重金请了一波日本当年的顶级设计师为它站台，提出一个去品牌化的理念，所以使得后面的所有内容故事的塑造都是在想着怎么给品牌做减法，而不是打"Plus+ X"的差异化升级路线。1983 年，西友为无印良品在东京的青山这个潮流买手店的聚集地，单独打造了一个品牌直营店铺。2 年后，自有品牌超额完成了部门的 KPI。

在日本泡沫经济中，那种过剩消费状态下做减法的理念成为主流，使得当年无印良品突破 140 亿日元的销售额。这个景象对于当时受困于优衣库、大创、Can do 等业态冲击的西友来说，可谓雪中送炭。于是，西友决定为它单独设立"无印良品事业部"。1989 年，无印良品独立分拆，并改名"良品计画"，目的是未来能够孵化出更多像"无印良品"这样的品牌。

分拆后，无印良品开始走自建渠道的路线，这对于此前全部依赖西友扶持而解决渠道营销问题的它而言，无疑是一个很大的挑战。但时势造英雄，分拆后的第二年，日本经济彻底崩盘，无印良品靠着"便宜，性价比"这样天然能引流的品类标签，和堂吉诃德、优衣库一样，在时代的红利中躺着上来了。

但大家都知道，要想做成渠道品牌，尤其是打性价比这样的理念，一定要具备 3 种能力：

（1）满足市场共性需求的强商品研发能力（货得真的好用、耐用）；

（2）向上游下大量订单从而压低成本的能力（能向供应商砍价把生产成本降下来）；

（3）解决因大量进货可能导致的滞销，而必须具备的强营销能力（会卖货）。

但当年的无印良品除了第二种能力之外，其他都是短板。因为流量和渠道都是西友给的，商品研发的具体方向也是基于西友内部的各品类销售数据，也就是说这是一个只会做设计、做货的部门，但现在要自建渠道，这就相当于让已经习惯了供应链的流程化思维的厂长，出来做需要发散性思维才能做好品牌营销一样，于是乎也就有了 2001 年无印良品的首次亏损。当时整个公司上下都是"只要货好，不愁卖不出去"这样的典型卖货思维，不懂市场、不懂用户、不懂品牌、不懂渠道的天生缺陷，在这一刻差点要了它的命。于是此时，松井忠三临危受命，对无印良品进行了一轮大刀阔斧的改革。其中涉及：激活一线门店经营能力，门店位置调整到租金更便宜的地方开店等，但在我看来这些改革也只是帮助无印良品建立好了标准的 SPA 模式，而依然没有摆脱其根本：卖货导向思维。

虽然无印良品始终在宣传自己是一个品牌，但它好像还并没有非常清楚做品牌和卖货的区别，或者说迫于公司在资本市场表现的压力，而选择把营收和利润的增长放在第一位。在本书的品牌思辨部分，我曾提出过卖货和做品牌的区别。因此我认为一家品牌公司真正的成功，是需要先占领心智份额后占领市场份额。但无印良品在中国很明显把顺序搞反了。

2005 年，无印良品开始进入中国。但刚入海便发现商标被国内的一家公司海南南华实业贸易公司在 2001 年给抢注了。无印良品一直在抢，但这两年官司也一直输。对于有做世界级品牌目标的无印良品来说，商标注册早在 1990 年准备出海前，就应该在各个目标国全部搞定。所以，渠道第一优先、品牌第二优先的思维让无印良品先败一程。

但这并不影响无印良品的扩张步伐，其位于上海和北京的旗舰店也陆续开了起来。定的策略是高举高打，像当今名创优品去东南亚降维打击一般，在中国内地先轻松赚取消费升级趋势的红利。无印良品前社长松井忠三曾说："无印良品在日本作为一个性价比品牌，是因为消费者对于商品已经没有执念，但是在中国的定位应该在中高端，因为中国消费者对于商品的拥有是有执念的。"

不是说无印良品在日本是个定位性价比的品牌吗？怎么到中国就变得高举高打了？这一点站在渠道角度上很好理解，2005 年中国刚入世（WTO）不久，当时一二线城市也只有海澜之家、美特斯邦威、卡宾、森马这样的传统中国服装品牌，但无疑无印良品在设计调性上是有压倒性优势的，所以也理应享受到这部分优势所带来的溢价。所以依靠日本大牌设计师的站台，那种神秘、低调、奢华的高级感，"Made In Japan"的产品背书，无印良品依靠在日本受过深度锤炼的产品研发、设计和门店运营能力，把这些中国的服装家居品牌按在地上摩擦。所以在中国消费者心里，无印良品一直都是一种"轻奢生活"方式类的代表。

但中国消费者的审美升级比预想的要快很多。随着中日的信息互通越来越透明，去过日本的消费者越来越多，已经有消费者和创业者意识到无印良品在双边市场的定位存在较大差异。同样是一把和日本那边一模一样的椅子，日本店的售价1万日元，但到了中国之后定价就成了2万日元，抛去关税等各方面的费用后这一售价也是远远高于在日本的定价。这让部分中国的理性消费者感到非常反感：什么要让已经进化到理性消费阶段的自己，去给一个表面上素雅、神秘高级所以贵得有道理，但实际上是打消费降级的、追求佛系、去品牌化的品牌埋单。

这时候无印良品的竞争者也开始出现，比如名创优品。当叶国富打着"日本设计+中国制造"的口号创立名创优品时，无印良品的定价虚高现象也开始被消费者发觉。对于名创来说，如果无印良品降价，那么就是在向中国消费者证明确实是定位虚高，这对一家品牌公司来说影响巨大；如果无印良品不降价，那么它的客群就会不断地被中国本土的渠道品牌，依靠真正的极致性价比给洗出来。所以名创优品早期的选品方式简单粗暴，派一群买手去日本的无印良品店里拍样，完事儿直接传给代工厂问能不能打样，能打样就做。零售价格直接干到15块。

于是可以看到自2016年起，无印良品的中国店单店营业利润增速开始迅速下跌（图4-5）。2017年Q3甚至增速为负，伴随着增速狂跌的是无印良品的降价狂潮——五年间连续11次降价。

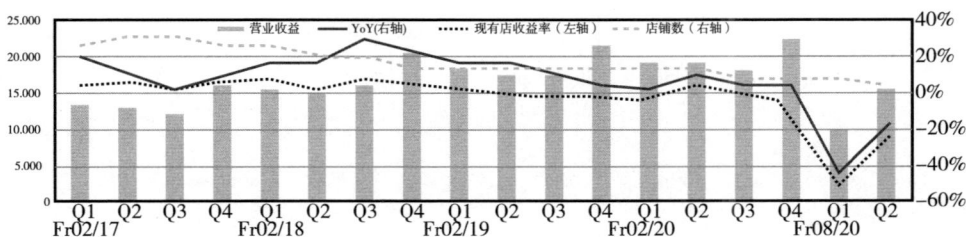

图4-5　无印良品中国门店收益率、营业收益率和店铺数变化①

① 基于公司各年财报、年报中披露的数据整理。

所以，观察无印良品的今生前世，我们发现它的基因是一家卖货公司，而不是品牌公司。虽然在日本市场它的品牌做得相当成功，但本身渠道品牌的基因，以及它在中国市场的定位失策，导致了它即将在这一全球最有潜力的消费市场节节败退的结局。

做品牌需要有长期主义的信念，因为消费者心中对于品牌信任度的建立，是来自这个品牌通过整条价值链所做每一件事情的积累。从前期奠定选品理念开始，到用什么样的料，在研发上花了多少心血，找什么样的设计师，讲什么样的故事，找什么样的人代言，走什么样的渠道，按照什么规则定价等，这里的任何一个细节分数都会加到消费者对品牌的信任度里。

如果是在做一个品牌的冷启动，从 0 到 1 阶段品牌 CEO 可以依靠把一两件事情做到极致把商品打爆。但如果目标是做一个世界级的品牌的话，那 CEO 必须做对所有事情。这时品牌的长处不管有多牛，只要做错一件事情，品牌在消费者心中构建的价值观就不会自洽，信任一旦出现问题，接踵而至的就是市场份额的崩盘。

附　录

采访 1：我的研究方法论

和大部分人做研究是为了穷尽真理不同，我认为如果把做研究定义为求真，那以我们目前的能力在自然科学领域是很难实现的。

现实中，人们只能追求无限接近真的实。如何去理解？一般地，人们想到真就会想到假，会认为这个世界上所有的事物只有真、假两面。但在中国的社会科学领域里，比如老子的《道德经》，事物除了真假外还可以有实。举一个生活里的例子，比如我们去古玩店买玉佩，会问这个玉佩是真还是假，这时店家一般会回答不是假的，因为是不是真的他也不知道。他可能知道这个玉从材质上来看是真玉，但此玉是否为当时那个朝代的玉他是无法证真的。他只能通过他的经验，比如玉上花纹所对应的朝代来分析。但分析得再怎么头头是道，他讲的是实话但肯定不是真话了。

同样地，比如我们研究一家成熟企业的成功要素来为当下所用，大部分研究者都是自上而下地从不同角度切入，然后总结出一家公司的成功要素是A+B+C。你问他，这家企业之所以如此成功是因为做对了A+B+C吗？如果他引用的材料足够翔实，他肯定非常自信地回答是真的。但如果我们问这家企业是不是一直都这么成功，10年前的它是怎样的？那时的A、B和C分别都是什么？他通常是无法回答的，因为他只能基于亲眼看到的实来给出答案。很多人尤其是创业公司CEO都觉得商学院中的案例研究并不具备实操指导意义，是因为创业者要在正向的时间流上书写真，如果这个真曾经在其他地方发生过，那么他们要找到历史各个时间点上接近于真的实（这些时间点要是连续的），再在一个新的时间线上把真重新创造出来。但遗憾的是，研究者往往只能给出很多散落在不确定时间点上的实，然后再把这些实串成一套公式。

所以，应该怎么去做研究？对于发展中国家来说，我们首先要吸收大量发达国家发生过的真，但如上所述，传统的自上而下的求实研究方式并不完全适合我们。当然这并不代表它是不被需要的，因为在不断还原真的过程中，自上而下的研究能做到在单一时间点上不重不漏地把还原方向指给我们。而后面更为关键的，则是站在创始人的视角自下而上地在各个方向上进行演绎，给每个方向塞满信息。当然，想实现100%的信息还原是不现实的，因为自下而上本身带有众多偶然性，比如很多企业日后成功的关键其实来自它向死而生做出的选择，或者是某些黑天鹅。但如果我们的框架足够缜密，是可以通过足够强的同理心演绎"亲眼看到"大部分细节，并把它们作为决策依据进行时间线的推演。这时会有很多个人色彩在里面，它是一把双刃剑。比如一个人在特定环境里形成的元认知可以迅速帮他理解类似的环境，就像在大城市生活的人可能更容易察觉到消费升级的趋势，而在县城生活的人对性价比消费的信号则更为敏感。相反，这也会成为一种掣肘。所以，为了摆脱思维惯性，过程中我们还需要不停跳脱出来，审视每条逻辑线对结果的影响权重，把权重高的从框架中抽离出来。当某一个时间点的逻辑自洽了，后面只需要把它们像求积分那样放在正向的时间流里整合起来就好了。

看到这里，可能很多人会觉得这种研究方法像玄学一样难以理解，这需要一种表演式的天赋，一种极强的同理心。在用这种方式做研究之前，我也曾经认为"做研究"本身是一种硬能力，因为西方的管理学前辈们给我们提供了大量成熟的方法论，我们只需要把方法论熟练应用到各个场景中就好了。比如分析一家企业是否具备可以进入新市场的先决条件，通常会用到万金油模型 PEST+3C［PEST，由美国学者 Johnson G 与 Scholes K 于 1999 年提出，即 Political（政治）、Economic（经济）、Social（社会）和 Technological（科技）。3C，由大前研一提出，即公司自身（Corporation）、公司顾客（Customer）和竞争对手（Competitor）］，或者是分析一家企业竞争环境时用到的波特五力模型、BCG 矩阵，又或是将数学、物理等自然科学领域中的自洽体系应用到某些行业里，等等。方法论多且繁杂，但很显然仅靠它们不能解决所有问题，不然那么多标榜自己把研究做透的投资公司或者上市企业就不会有那么大的业绩差距。所以如果参照我上面的理论，研究能力除了包含拆解问题和使用工具去解决问题的硬能力之外，还包含理解人性和商业本身的软素质。前者靠的是专业性的训练和案例的积累，而后者更多的是靠大量跨领域的经验和人性天赋。

　　举一个简单的例子，比如为了寻找一种最适合中国的折扣店模式，我们通过研究堂吉诃德来寻找答案。堂吉诃德是日本一家创立于 20 世纪 70 年代的卖尾货出身的公司。在此前的分析中，当时是日本的大消费升级时期，那好端端的消费升级他干吗要去卖尾货呢？于是我们用康波的四嵌套模型+PEST 自上而下地对日本进行了一次景气分析，发现日本在 1974 年发生了第一次石油危机，几大投资周期瞬间衰退，众多企业倒闭裁员，这也是整个日本的生产方式由粗放扩张转向精益运营的转折点。那堂吉诃德的创始人安田隆夫当时在做什么？他在房地产公司上班。之所以选择这个行业，是因为当时房地产受时代红利影响突飞猛进。那作为日本私立双雄之一的庆应义塾大学毕业的高才生，毕业后首选进入房地产行业也是理所应当，但他志不在此。石油危机中，安田隆夫所就职的公司资金链断裂，也理所当然地倒闭了。那么我就会选择他成为无业游民的时点，将他以往的经历刻入自己的脑海中，去预判他下一步的选择。这里选择切入的时点是很有讲究的，对我个人而言，我和他都出身于县城，毕业于日本的私立双雄，受过日本相对专业的就职培训，知道要利用好学校品牌去一个有上升红利行业的上升企业，追求高上限的事业，这一类的元认知让我很容易理解他创业之初的动机。比如他不愿意当咸鱼的期望和现实对他的打击导致他自甘堕落，会觉得这不是自身的问题而是时代的问题，所以他闭关打麻将打了 2 年，很显然他一开始并没有做好创业的打算。出关后除了麻将之外没有其他任何专业技能，只能选择低门槛的小本生意，比如茶馆、餐厅、杂货店等。因为资金和能力的局限，安田隆夫最终以杂货店起步，租了个 20 平方米的店面，并选择进货价极为低廉的商品，比如中古二手商品。但是，在日本销售二手商品需要专业型资质，于是没有人脉的他把目光放在了比二手商品进货价更低的金融处置品上。所以，一个极为拥挤的店面，一个和供应商沟通起来都费劲的从来不懂怎么开店的店长，一堆胡乱堆到天花板和街头的纸箱，一批极为便宜的残次品尾货，就是堂吉诃德最开始的画像。

看到这里，我们很难想象这样一家当下如日中天的零售巨头早年竟是在那样的绝境中成长起来的。它不像当下中国的消费赛道创业需要提前做那么详尽的市场研究，注入一笔资本就可以起飞，也没有做过类似互联网公司的 A/B 测试，反而想尽办法用最少的预算做成事情，在极端的困境中寻求破局之路，就是它一开始最真实的样子。到这里，我们把每一个环境变化和主人公的选择变化记作一个时间点事件，用自上而下和自下向上两个视角把它们对应起来且互相验证，然后提炼出最接近真的实。

在中国，绝大部分研究折扣店的文章，以及正在尝试折扣店模式的创业者都在研究堂吉诃德，但很少有人能够总结出比附表 1 中的"小闭环逻辑"更高维的结论。或者大家都错误地把堂吉诃德成长期的"CVD+A"战术当成贯穿堂吉诃德整个发展周期的取胜公式，在创业期纷纷效仿。但显然，当前堂吉诃德的公司之魂既非这三个战术也非"CVD+A"，而是刻在创始人身上的"自我流"式战略思想，一种在激烈的存量竞争环境里靠前瞻性认知和破常识性的创新取胜的斗魂，这一点也深刻反映在了后面的权限委让战术之中（这一策略从根本上解决了折扣店大店模型无法跑通的魔鬼诅咒）。这里顺便

附表 1

	1971–1972	1972–1974	1974–1975
基钦周期	衰退	上升	衰退
朱格拉周期		上升	衰退
库兹涅茨周期	上升		衰退
康德拉季耶夫周期			
周期特征			
时代背景	尼克松危机	列岛改造景气	石油危机
代表性事件		资本自由化、石油危机	
新生消费品		霸3C	
新生产方式		精益运营、工程管理	
人口	第一波婴儿潮，同时老龄化人口占比超过8%，进入商品社会初期		
经济	人均GDP从2272美元上升到4353美元 城镇化水平维持在76%上下，城市人口红利逐渐消失 产能过剩，供给侧结构性改革 地价指数从36.1下跌到8.2 石油危机导致社会停运，倒闭企业数量超过1万		
社会			

MECE还原　趋势验证

创业时间流（已做高权重事件抽离）	庆应大学毕业、不动产公司上班	不动产公司倒闭	受了个人能力和预算限制，选择进入门槛相对低的零售赛道，20平方米杂货店开业	尝试采购二手商品失败，选择采购成本更低、的廉价杂货品	没有商品营销预算，在货箱上手写商品文字说明	为了尽可能增加客夜收营业到深夜发现深夜市场空白
小俏环逻辑	打法上依靠pop洪水+压缩陈列+深夜运营属性				
大战略思想	争夺存量顾客的不是既有的体系知识而是前瞻性认知—破环式创新，非常识性"苦肉计式"运营，尝试一切手段在板小预算的前提下创造商回报。这是常青德商的公司斗魂				
竞争环境	百货店、GMS、品类杀手店为主的业态形式，折扣连锁锁为最火热的干缺位状态				
人性因素	创始人安田隆夫销售出身，是擅长用有限资源独立思考解决问题的"自我流"，鼓励低成本方式的创新，敢于在熟悉和激烈的竞争环境中找到突破破口				

时间流整理＋趋势性验证

趋势性验证

周期景气　PEST

提一下国内的情况，如果我们观察中国的线上版堂吉诃德——拼多多的创始人黄峥和阿里巴巴的创始人马云的风格，再读一读两个人创业时期的思考始末，就能发现为什么黄峥能够在存量市场的竞争中取胜。成事在人，谋事在天。这样的精神会让公司天然更擅长在没有红利的市场中，不断靠低成本高杠杆的创新取胜，把变废为宝的能力从商品销售升维到企业并购，才是能够和经济周期相抗衡的能力。所以，如果我们大家只看到了"小闭环逻辑"的三个战术并模仿，就会把自己做成一个四不像，永远在模仿却永远无法超越别人。

当然并不是说战术学习没有意义，而是它的成立是一个体系的问题，它需要很多条件的匹配。如果中国当下和日本一样有如此多相似的条件出现，那么这些战术的可行性是高的。而相比小闭环逻辑，大战略思想和其背后的创始人人性因素是更为值得学习的对象，因为它是一个通解，我也把它定义为那个最接近真的实。如何去找到这个实，需要我们用种种框架 MECE 地在各个方向里找到更多细节，还要去理解创始人的人生经历，所以它是比提炼战术打法这种单纯的信息提炼更难的一项工作。

关于如何 MECE 地去拆解问题，就不在本篇文章里详细展开了。可能很多研究者一直想问用了太多框架后如何再跳脱出框架，我的个人理解是所有的框架都来自 MECE 在不同环境里对于方法论的总结，而当我们把 MECE 用在了解决生活里的方方面面，我们自然就离跳脱出框架不远了。

所以我始终坚信，做研究是一种对于人性的修炼。我也期待看到更多的人可以用这种方式去精进自己的研究能力，帮助当下受困于种种僵局的创业者们打开一扇大门。

采访 2：性价比，仿日风，名创优品 IPO 究竟靠什么？

虎嗅注：作为国内最有名的"十元店"品牌，也可称为最早的"十元店"品牌——名创优品自 2013 年在中国大陆开设第一家门店之后，其门店扩张速度和营收规模一直不断上升。

非常有意思的是，在外界看来，过去 7 年时间里线下门店是节节败退的，但是名创优品却走出了不一样的步调。在大家认为名创优品已经把线下生意越做越好的时刻，它却选择上市。透过其第一次向外界展示的财报，不难发现名创优品这两年的经营状况相较于它最火的那一年有了一定幅度下滑。与此同时，阿里与其他互联网巨头都在布局线下商业。10 月 19 日，《嘿！掰投》有幸请到了五星星创汇董事总经理王承晨和中日消费领域专家房家毅，同虎嗅 Pro 资深编辑刘宇豪一道，探讨这家"十元店"的生意到底香不香。

Q：名创优品的核心竞争力究竟是什么？它的核心竞争力是不是性价比？如果不是，那是什么？

房家毅：我觉得不同业态在不同阶段，它的核心竞争力是不太一样的。

第一个阶段，得从 0 到 1 的角度上来讲，其实靠的是开店的速度。对于名创优品这样的业态，其实能够承载这类业态的商业基础设施并不多。中国一共有近 6000 多家购物中心，但是有一定规模的购物中心数量是比较有限的。如果以 20 亿元年销售额或者年 GMV 来算，整个中国也就 100 来家。所以对于 0 到 1 来说，最重要的就是要把自己的店开进这样一些大的购物中心里面，同时这样的购物中心一般也不会放进太多同业态的商户，这样就会有先发优势。

类似于深圳的壹方城、江苏的苏州中心，在这些购物中心里，名创的点位都是开得非常好的，直接对着地铁口，正对着扶梯。而且它们通常一签就会签 10 年。一般占着这样的点位，如果做一些高毛利率的商品的话，是很容易赚钱的。因此名创也获得了时机上的红利，这也是其 0 到 1 阶段的一个核心竞争力。

第二个阶段就是 1 到 10，这时主要靠的是供应链的能力和渠道运营的能力。

名创的模式本质上还是叫渠道品牌，渠道品牌的核心也是性价比。名创其实抓住了在城乡二元结构下，中国一二线城市消费降级和三四线城市消费升级的趋势。之后名创用的是性价比加审美升级的方式。很多国际品牌也运用此类方式，比如单一品类渠道品牌，优衣库、Zara、无印良品等，都是单一品类杀手的渠道品牌。

而名创优品其实是全品类渠道品牌，它有点像日本大创。这种模式是自己把控设计，之后再把整个生产环节交给工厂。但是为了和供应链形成一个强绑定，或者为了尽可能地降低供应链成本，其每次下单的数量是非常庞大的，一般都是百万级甚至是千万级，而且供应链那边也会有比较强的快速回款要求。因此这方面对其渠道运营端要求还是很高的，不然很容易造成货品积压。

现在名创上市了，也标志着它跨入 10 到 100 的阶段。虽然名创优品现在仍在亏损，但是七年时间留下来的这 4000 多家门店，大部分都是被考验过的。

所以在某种程度上来讲，名创优品的性价比其实是一个比较深的护城河。从国外来看，这种业态其实就是通过早期快速开店，先进入一些特别好的场地，形成一定的渠道垄断之后，再来改造供应链。对供应链形成了一定的垄断后，再倒逼渠道进行垄断，所以这类业态一般做到后面都是一家独大。

我认为性价比也不会成为名创优品的紧箍咒。名创优品作为一个渠道品牌，其既有渠道的属性，也有品牌的属性。渠道属性的优势在于它可以快速地规模化复制。而它的规模建立起来之后，就比较容易形成一个平台，而它也需要培养建立一个大中台的能力，包括商业地产资源的把控和运营能力、门店的运营能力以及供应链把控的能力。

理论上来讲，只要名创优品能够占据这些核心的运营资源，然后有一些很好的 know-how，是可以孵化出很多小名创出来的。

Q：现在阿里也做 1 元店了，盒马也开始做下沉的小店，这些企业都愿意把消费的规格降低的同时追求性价比，那么名创优品的先发优势能不能抵御

竞争对手的进攻?

房家毅: 其实我并不是特别看好线上零售企业做线下渠道。

虽然线上和线下有共通之处,但是它们在 know-how 上还是挺不一样的,而且线上很多资源复制给线下,并不能带来很大的红利。另外,从人才角度上来讲,也并不是完全可以复制的。

第一,对于运营端来说,它需要数字化的技术赋能;第二,是组货的问题,即线下门店如何得到一些特别核心的点位,又怎么去赋能它,怎么实现跨区域扩张,尤其当深入到县级市场,怎么去和地头蛇进行抗争,这些都并不容易。

Q:名创优品的实际毛利率并没有对外宣称的那样低,好像高于它所宣传的 8%,这是因为什么?

房家毅: 名创优品总部收益来自两块:一块是品牌使用费,另外一块就是和加盟商的业绩分成。叶国富说的名创优品利润率只有 8 个百分点,也就是这个意思。加盟商卖货给消费者,提出销售额的 38% 作为收益之后,每件商品留给名创优品总部的只有 8 个百分点的利润率。理论上来说,它的毛利率已经做得比较极致了。

Q:其实日本大创相较于名创优品是更像十元店的,名创优品现在客单价大概都是 50 元上下,为什么名创优品在国内没有那么像十元店了,这是怎么造成的?

房家毅: 首先是因为大创在国内的定位还是非常老实的,基本上和日本一样,但是名创在国内的定位,甚至在东南亚的定位,其实更像是做生意的逻辑。

这个和无印良品 2005 年进入中国的逻辑是一样的,虽然我们认为无印良品是一个品牌,但它其实是以渠道的逻辑在做。

其实在日本,无印良品和优衣库是差不多的定位,是为了向集团提供毛利的这样一类商品,在中国却变成了一种高端的定位。对于名创来说也一样，它既有品牌的故事可以讲，也可以用渠道的打法来做事情。所以，对于一些一二线城市，或者说处在审美趋势升级的城市里，名创优品其实可以用 IP 来做这种高客单价的东西。

但是这也会遇到问题，比如无印良品在中国大陆就不太能下沉下去。同样，名创优品在东南亚也是打了这样的定位，那么未来肯定也会遇到东南亚自己的名创优品的冲击。

Q：小清新和性冷淡的设计，感觉跟日本本土的消费品还有关系，所以做这个品类，是不是借日本的风格会有一个更好的效果？

房家毅：我觉得名创它不仅是仿日系的营销，其实在整个模式上，都参考了很多日本的企业，但是它将其融合得很好。

比如其渠道和供应链的模式其实是借鉴大创的，但它的设计和营销，借鉴无印良品会更多一点。但是不管怎么样，里面都有很多创新，与中国的结合做得非常好。

另外，元气森林其实也复制了很多日本的东西，但元气森林最核心的要素在于，它抓住了中国便利店非常适合饮料品类成长的红利，它其实是根据日本的便利店卖的饮料，把中国便利店里面的整个饮料区给重做一遍。

但是两者的仿日风营销都做得很成功。

一方面，它们抓住了中国年轻人的审美，对于许多"80 后""90 后"，日本文化输出是很成功的。另一方面，就是日本给中国的印象是能在产品的设计或者品质上兼具创意和深度的国家，所以只要能够和日本扯上关系的东西，都会让人对它的好感度大幅度提升。

另一个是社会消费阶段的原因，也是很核心的原因。中国一二线城市消费者的消费理念逐渐趋于理性。某种程度上来讲，这和日本大都市里崇尚断舍离的年轻人是有一定的契合度的，所以它们会用新颖的日系风来做营销，以符合这一人群的审美需求。

但是能走多远，我觉得要看不同的市场，对于下沉市场，这可能就不太行了。中国的下沉市场，生意好的店一定是最热闹的店，不是性冷淡风格的店。但是如果一个市场的主流消费者已经到了比较高的消费状态的话，我觉得这种营销的方式是没有问题的。

Q：名创优品的未来增长空间应该是在海外还是在国内，如果是在海外的话，具体是哪一块市场更适合？从品类上来说，是靠现有的这些品类和经营模式去做，还是做一个平台孵化其他的品牌，名创优品到底应该选择哪一个发展路径？

房家毅：名创优品目前仍处于消费升级的大趋势里面，而且其现有的店相对比较稳定，因此它上市后估值 400 亿元。我身边有很多名创大加盟商的朋友，包括很多二级市场的朋友，他们都挺看好名创优品的。我个人认为，到 2022 年名创能够做到 800 亿元左右的盘子，原因有以下三点。

第一是出海的决策。当然这里要做一个区分，一个是升维市场，另一个是降维市场。升维市场是指进入更大的市场，比如前往日本或者美国这些国家，并把这些市场作为一个营销的中心。相反，降维市场就是去一些还待开发的市场，它赚钱也主要还是在东南亚和南美洲这些仍未饱和的市场。

第二是下沉。生活优品是它们在做的一个小名创，而且名创也有供应链和渠道的资源与能力去做这个事情。

第三是做成孵化其他品类的渠道品牌。但不是说所有品牌都是可以做的，比如说服装就不适合名创去做，因为如果想做成中国的优衣库的话，得有中国优衣库的供应链。而服装的供应链，尤其是优衣库的供应链是有很强的壁垒的，这里不仅仅是说生产方面的壁垒，还包括面料的设计研发，等等。

另外，护肤品这一类也有着比较高的研发壁垒，这些品牌是比较难以做成的。但是相比美妆，尤其是彩妆，食品、饰品的壁垒就会小很多，未来的可能性会更大。而且这些品类中任何一个都有千亿元甚至万亿元的市场。这也是我们比较看好名创的一个原因。

Q：名创优品加盟商开一家店的成本还是比较高的，这对于加盟商数量占比很大的名创优品来说，其加盟模式能不能持续下去？

房家毅： 首先，从本质上来讲，加盟对于大部分人来说都是一种投资理财的方式。对于名创来说，如果起初的这几家店回本周期非常快的话，一定会有很多人涌进来，因为很多人认为这是一个能快速回本的生意。

但是有的加盟商就是散客，他只有现金，甚至有的现金还不太够。但如果加盟商很看好这件事情的话，名创就会给他提供贷款平台。分利宝作为一个借贷平台，它确实让很多人赚到钱了，所以如果把它当成一个投资工具，其本身风险和收益并存，这样就很好理解了。

但是名创给予的支持是有限的。比如点位的选择是要自己去找的，名创只不过帮你去做一个测评。对于不同的购物中心来说，能够拿到什么样的点位取决于加盟商的资源。散客一般拿到的都是一些别人挑剩下的，这些地方谈的租金条件肯定也不会很好。

从成本上来说，大的商城里 250 平方米以上的门店，租金加装修就超过 100 万元，招聘人员也要 10 人左右，再加上货品保证金、品牌使用费等就得 200 多万元，成本就相对变高了。名创的很多加盟商很难做到一年 1000 万元，大部分店还是在 300 万元到 800 万元之间。

投资本身就是一个有门槛的事情，而且风险和收益是并存的。现在的加盟商也是大浪淘沙，淘完了之后，剩下的这些店或者和叶国富绑定很大的一些地域性的大加盟商，某种程度上来讲还是可以赚到不少钱的。

Q：十元店到底是不是一个好生意，这个生意考验企业的什么能力？

房家毅： 在我看来，在不违反商业道德的前提之下能赚钱的或者回本周期比较快的生意，就是好生意。当然我这是站在一个传统生意人而不是资本市场的角度来看待好生意这个事情的。所以，我认为十元店是个好生意，但是它不好做，它也不是一个容易的创业项目。

我认为名创还不能算作一个典型的十元店，因为它还带着很多品牌的属性，所以它不会做得很下沉。但是像大创这类业态，它是需要开到更下沉的市场的，而且越下沉的地方，它对于点位的要求会比名创优品现在的要求更苛刻。现在的名创开在购物中心里面，也会开在一些商圈的街边。但是对于十元店来说，如果要往下沉地方开，基本上每个县城里面的可选点位也就那几个而已。

另外，十元店往往毛利也并不高，参考大创的毛利，其综合商品毛利在三十几左右，是比较低的。但是它做了很多毛利的组合，就是有的商品当作毛利品，有的当作引流品。再做到引流品和毛利品的组合，才能做到整体的盈利，而越往下沉市场开，对供应链的要求和渠道的要求其实会越高。

但是十元店在某个县城里做生意不用去做什么营销，因为其本身自带流量。其实折扣店业态跟十元店的定位比较像，比如国内现在有很多尾货服装超市，这种店型会比十元店大很多，营销方式就是人传人。

十元店一旦涉及区域的扩张，就会有一些比较大的困难。因为零售店本质上还是很本地化的。总的来说，这一类业态其实还是早期靠渠道的快速扩张，中期依靠供应链的垄断倒逼渠道垄断的模式。

网友提问：加盟费用高、回本周期长，对供应商的管控能力也没有那么强，名创优品到底有什么底气对加盟商提这么高的要求？

房家毅：名创并不是对所有加盟商都这样。对于有些会自带品类和资源的，甚至有能力跟名创一起做运营的、和名创一起做装修设计的这类加盟商，名创就没有太强的议价能力。

如果是纯投资为主的加盟商，这其实也是早期大部分加盟商的状态，名创的做法是只要交钱了，之后什么事都不用你管，只需要等分成就可以了。对于很多加盟商来说，他们认为这是一个比把钱存在银行相对稳定但回报很高的投资方式，所以这也是名创一开始能快速扩张的原因。

主持人：也就是说，未来名创还是会延续现在的这种加盟政策，包括对非专业性的加盟商的开放态度。

房家毅：是的，当名创要孵化很多新的业态的时候，它既会在资本市场上做融资，也需要很多加盟商的支持。当孵化出第二个小名创的时候，又可以给加盟商提供新的机遇。但是投资是赚钱还是亏钱？名创不可能完全站在加盟商角度上考虑，这很正常。名创在评测过程中把风险透露给加盟商，那么加盟商就要考虑回本周期是怎样的，有哪些高风险的不可控因素，再选择要不要投资。

当然，对于很多大加盟商来说，他们已经帮名创拓了这么多店了，开在什么位置上能赚钱他们看一眼就知道。

主持人：也就是说，扩张不太依赖加盟商自主的创造性，加盟商反而是需要名创优品总部有很强的综合能力。

房家毅：我觉得对于零售企业来讲，中台能力，即 S2B2C 能力，其实是更有利于零售企业自身的发展的。这种模式做得最成功的企业其实是 7-ELEVEn。7-ELEVEn 之所以能够在巅峰时期以每年 500 家左右的速度拓店，就是因为它的整个中台体系，包括物流配送系统，做得非常先进，所以它能够不断地赋能小 B，才能更好地服务 C 端。不管是名创，还是阿里、京东等，很多零售企业到最后可能都会去做这样一个定位。

采访 3：从日本消费的过去与未来，读懂中国机会

新零售，可以说是这几年最具争议性的话题。从此前线上的流量分割，资本、巨头以及创业者的视角都在快速转移到线下，去挖掘新兴的消费场景和服务机会。一时间，社区店、便利店、折扣店等新兴的线下业态层出不穷。

相比中国线下零售的方兴未艾，人口结构相似的日本，经历此前几十年的经济腾飞，其实完整经历了零售业态发展的几个重要阶段，在便利店等一些细分领域，甚至领先中国 20 年。

从某种程度上来说，去深入研究日本零售，就像坐着时光机来看中国零售的未来。但结合中国复杂的具体情境，很多商业形态其实需要更深入的思

考，来找到背后的契合点。

经过十年电商洗礼，如何看待中国零售现在所处的阶段？学日本零售，到底要学什么？从折扣店、便利店到渠道品牌，大创、堂吉诃德、7 - ELEVEn、松本清等日本标杆企业对中国当下零售的启发是什么？未来，中日零售会有怎样结合的机会？

围绕这些大家可能最为关切的问题，近日，野草新消费专访了日本消费领域专家房家毅。房家毅毕业于日本早稻田大学，曾任职于日本 J.P. Morgan 和野村综合研究所，目前在国内从事消费投资。多年日本工作留学经验，让他对中日消费零售市场有着深入的研究。而在这次，他也将与我们系统全局地分享对中日消费的思考。

Q1：为什么选择研究日本？

世界上有众多可以用来参考的国家，多一个维度，就离得出商业模式底层的精确解更近一步。美国和日本是最常被拿来做参考的标的，虽然各个变量的属性相比中国有很大不同，但从定性角度，确实可以给中国商业未来发展方向一个指引思路。

我高中毕业后选择去日本留学，因受家庭生意影响，从小就对零售耳濡目染，所以在日本就很喜欢观察线下零售业态。

Q2：日本线下零售为什么比中国领先 20 年？

当时是 2011 年，微信刚出来，中国移动互联网的商业化应用程度还比较低，更别说零售场景的线上线下融合。其实日本也是，虽然它是世界移动互联网的发源地，但其商业化应用空间一直没有被真正打开，当然这里有很多内外部的原因。但单独看线下零售这块，日本比中国至少领先 20 年。

为什么是 20 年？我先给出我的一个推演逻辑：

线下零售渠道/业态的出现及演变逻辑，和社会基础设施发展水平有很大关系。1949 年新中国成立后，中国经济曾于 50 年代中期恢复到战前水平。

但因一系列激进的生产运动、三年困难时期、十年"文革"等影响，中国经济受到了极大的伤害（"文革"十年在经济上仅国民收入就损失人民币5000亿元。这个数字相当于新中国成立30年全部基本建设投资的80%，超过了30年全国固定资产的总和）。

1978年改革开放后，中国的发展方针才开始从以阶级斗争为纲，转向了以经济建设为中心的100年不动摇。

相比中国早期的阶级斗争为纲，日本的情况要好得多。二战后到第一次石油危机之前，日本的社会基础设施投资周期都处在繁荣期。因朝鲜战争的爆发，美国把军备制造基地放在了日本，并向日本输出大量技术。

彼时，众多日本制造业公司皆以军用标准向美军输出装备，使得日本能够迅速吸收美国在前几次技术革命中积累的技术优势，为此后第三波电气、汽车技术的自主创新打下坚实基础。

1950—1971年，日本出现了3个大的景气繁荣时期。工业升级推动了城镇化的加速发展，国民收入、人口规模迅速提升，直接拉动了零售业的发展。

所以中国基本是在日本已经走入差异化消费升级时代之后，才开始发力自己的社会基础设施建设，这也直接影响了中国的线下零售业态的发展。所以我认为，这可能是造成这一块中日有20年发展差距的原因之一。

Q3：为什么日本电商的发展势头比较弱？

日本零售业，包括整个日本社会对互联网科技在商业中的创新应用，其实是很理智地去看待的。

日本很注重研究和创新，但是日本的VC并不火热，这不矛盾。日本创新的供给侧，主要集中在大财团、制造业、TMT巨头手中，它们每年在R&D上投入大量资金，并在上下游资源上形成垄断。

所以，日本年轻人更愿意去企业中尝试业务创新、施展抱负，而不是自立门户。但日本的PE行业发展得还是很好。

因对服务意识的重视，以及大量传统行业过早进入买方市场，日本消费者在面对不成熟的创新带来的消费习惯的改变，和成熟模式带来的极致消费体验时，通常会选择后者。

具体拿电商来说，为什么在日本发展会比较弱势？

第一，电商在日本出现后，日本的智能手机普及率还不高，尤其在老年人中；

第二，电商的购物时效体验比不过便利店，价格上虽然绕过中间商，但相比日本众多已经形成供应链端到端整合的业态，也没有优势；

第三，电商配送物流必须面对日本越来越高的人力成本。

所以，电商在日本并没有起到像中国这样的作用和影响力，尤其在初期，但却为后期做 omni 渠道打下了很好的基础。

Q4：中国电商崛起会对线下零售产生怎样的影响

相比于中国聚焦于移动互联网创新，日本现在的创新，更多是聚焦在能源开发、AI 机器人等方面。相比于能更好地做创新的商业化变现，日本在战略眼光上确实更加长远，很多日本企业肩负社会责任，都在思考如何解决下一个大的时代，日本社会发展的核心痛点，做些 great things。

落到中国零售的发展阶段，20 世纪 80 年代后中国的零售基础设施建设还处在很早期的阶段，90 年代前后，很多外资零售企业进来，中国也开始成为世界的制造业中心。因此，对于 2000 年前的中国来说，最重要的事情是怎么吸收发达国家商业和科技，打磨好基础设施，为下一波自主创新做好准备。

但随着电商的出现，在当时中国的连锁百货、超市零售都还没成型的时机，两者都处在上升期，并在提供的一部分商品和服务上是高度同质化的，因此线上线下处在一个互相竞争的状态。

对模式的成本效率的优化，让电商可以拿出很多创新的故事，来否定陈旧的线下零售生意，而且可以忽略部分地理、基础设施等因素的线上商业模式，在 13 亿人口的中国爆发力实在太强。

所以在之后十几年，除了便利店、社区店这类解决即时便利性需求的业态存在，其他老老实实打磨供应链和线下人货场的连锁业态，都一定程度上被电商的快速发展所抑制。

这当然是中国的特色，但站在今天回头看，你会发现两者不该摆在敌对的状态，而应该是一个融合的状态，这样可能对实现未来线上线下结合的渠道的愿景会更有好处。

所以你看现在中国和日本的零售企业，最终在做的都是一个事情：线上线下横向和纵向的融合。只不过一边从线上往线下走，一边从线下往线上走。但我觉得日本会在实现最终的 omni 渠道的愿景上更快一些。

但如果只看线下零售，中国往后走的话，7-ELEVEn、大创用了 40 年做的事情，在中国可能就需要十年、二十年时间。中国依靠前端爆发力形成的势能，实在太强大了。

Q5：日本消费变迁的逻辑在中国如何映射？

现在中国与日本横纵向对比，到底该学些什么？根据日本零售业态变迁和孙正义时间机器理论，具体的点可以落到我画的一张图（附图 1）上。

首先存在地域性和社会阶层差异，才会出现时间机器。日本本身不存在大的地域性差异，多数人都集中在关西、关东。而且在 20 世纪 70 年代，它达到了 90% 的中产阶级水准，可以说是一个特别不折叠的社会。

撇开互联网，根据城镇化发展水平、人均收入、人口密度、年龄结构等变量，线下零售业态在往前横向演变的过程中，会呈现一定规律，伴随着大的宏观周期，一些业态会出现得更快或者更慢一点。

如果放到中国，从一二线城市到农村，每一级之间都有一个很明显的变量差异。因为中国确实是一个特别折叠的社会，一线城市比二线城市，在人口密度、人均收入等变量上，大概会领先十年（预估）。

当不同变量的值达到一个水准时，很多零售业态会伴随着出现，只不过长得可能和日本不太一样。而且中国区域间的文化差异比较小，在互联网出现后，基本就消除了信息不对称，这导致不管是消费升级还是消费降级，在往下一个阶段演变的时候，速度会更快。

中国零售市场未来发展方向预测——时间机器理论

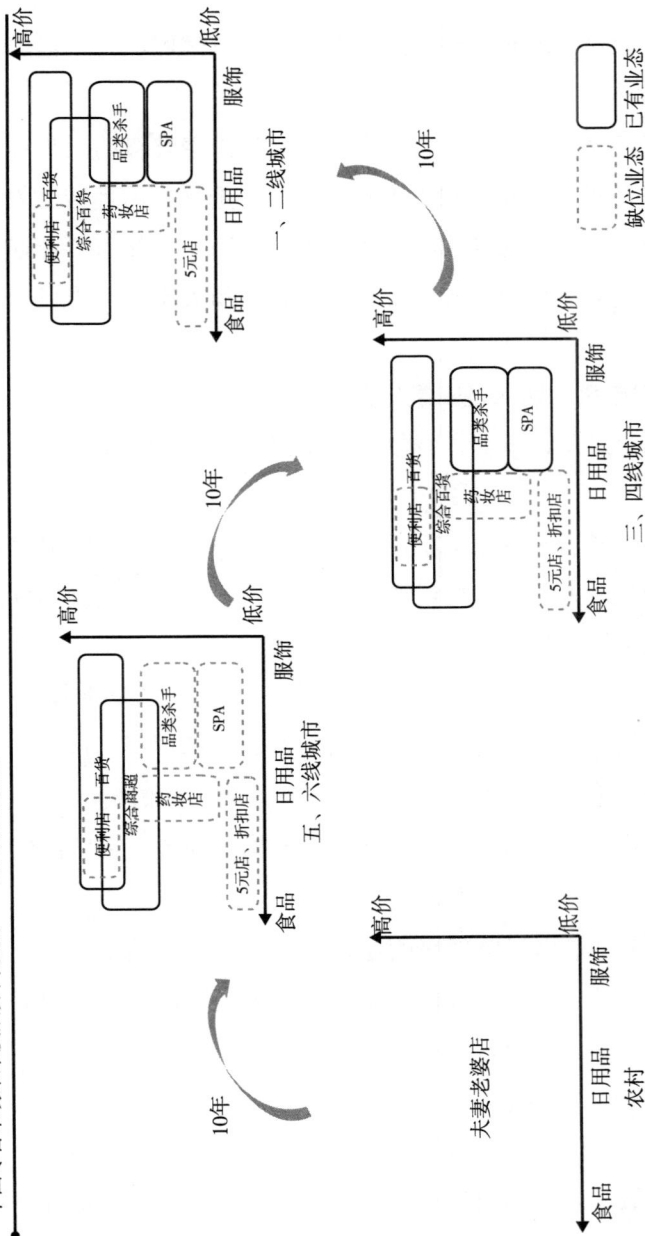

附图 1

所以有一个现象，三线城市更愿意模仿二线城市，二线城市更愿意模仿一线城市，这和日本当时由较高阶层分化，靠阶层间的模仿最终形成一亿总中流的现象很像。

对于中低线城市里的一些有钱人，是渴望消费升级的。但在当地因受限于匹配他们消费能力的商品和服务缺失，如果选择不跨地域性发展差异，那互联网服务是一个很好满足他们消费升级的渠道。如果选择跨越，就会产生消费迁移，这也会把某些服务业带火起来，这和大家之前去日本爆买是一个道理。

Q6：下沉市场的切入逻辑是什么

现在大家也经常谈下沉市场的消费降级，其实下沉市场只是地域性和阶层分化的产物。

目前的中国离日本石油危机、泡沫经济破碎时期的消费降级还很远。只是一开始，大家注意力都是打消费升级，因为一二线的钱确实好赚。红利没了之后，产业结构也开始调整，其实现在处在调整期。

值得注意的是，中国低线市场虽然人均收入是一二线的1/3，但人口是一二线城市的三倍，而且可支配收入包括消费欲望都不弱，这么一算的话，低线市场的消费能力还是很强的，这其实是个被忽略的市场。

包括最近拼多多发展起来，也不是因为消费降级，它所做的事情就是先靠卖尾货触达下沉市场的这批人。

所以，拼多多是以消费降级的逻辑切进去，一开始卖低价商品，低价是可以无视经济周期、地区和人群差异的，快速地把用户积累起来，然后再去做消费升级的概念。这个打法很对，现在拼多多也占据了整个下沉市场较大的份额。

我认为，要抓住下沉市场的机会，首先还是得先触达这部分人，所以就看你怎么能切进去。一定要参照日本企业的话，那就是日本打消费降级逻辑的业态，比如折扣店、百元店、SPA 业态，像堂吉诃德、大创、优衣库等。

它们的共同特征是，都诞生于石油危机的消费降级时期，一开始都靠卖尾货、靠便宜和性价比积累到一定用户量后，再给他们做消费升级。

只不过要像堂吉诃德那样，卖尾货也可以卖出花来，卖出变废为宝的能力，然后让商业模式进一步延展，比如应用到卖商业地产、做投资并购、变成价值投资。

现在中国很多针对下沉市场的新业态，都是在线上出现，这么多年电商的发展带起了物流，也确实能在保证配送时效体验的前提下沉得下去。但堂吉诃德、大创这种业态，在线下会更有优势。

因为线下的场对于卖尾货的赋能是更大的，在线上人们会过于聚焦尾货的价格和质量本身，还要考虑物流等其他成本，本来单价就低，除非做拼购，但还要有足够的前端流量才能不亏钱，现在线上流量获取成本那么高，这不是一个高投资回报的生意。

而像堂吉诃德，在线下创造的是一种娱乐性的购物体验，它卖尾货时，不是让消费者的关注点放在商品的价格和质量上，而是通过娱乐式营销，如压缩式陈列，把一些商品没有头绪地摆在一起，给你一种挖宝体验。

包括人与人的互动接触，尾货商品拿到手中确认购买的安心感等，相比线上的场都会是非常大的优势。

这几点综合起来看，你会发现，在中国线下，尤其在下沉市场，从定性的角度去分析，还有很多机会。

Q7：那在下沉市场的打法从战术层面上要注意什么？

首先是市场容量，中国1500多个县城，每个县城按照城区划分，最理想的情况下，东西南北中各一个小商业中心，一共是5个小商圈（一般情况下只有2个）。折扣店/百元店/SPA业态企业都是薄利多销，典型的很需要线下前端流量支撑的大店，选址一般都会优先考虑这些商业中心的核心位置。所以整个开起来，这三种不同的业态分别能撑起来7000多家连锁门店。

如果从人均资本的角度来看，参考日本百元店业态，1亿人口撑起了

6000 多家门店，1.6 万人/店。放在中国，县城人口 1.5 亿，那这个容量会在 9000 家左右，两边比较一下，粗略预计是个能开近 1 万家店的生意。

目前在中国线下，其实也有不少五元店、十元店和折扣店，但都非常零散，这种店怎么能做起来？

肯定不能靠一直卖尾货：第一，整个市场没有那么多尾货让你收；第二，你做大的话，尾货特别难管理。

要做好这种业态，背后其实是对组织能力和供应链能力的极高要求，还有时代和资本的推动。

第一，组织管理能力。尾货特别难管理，而且有一种浅库存、一种深库存模式。日本的大黑屋就是浅库存，但是扩张很慢，100 多年只开了 20 多家店。

堂吉诃德的方法是从浅往深做，面对海量的 SKU，店长不可能一个个去管理，但它用了一种方式，就是把公司权力下放，一个店员负责两三平方米区域，几百个 SKU，自己负责进货、库存管理、营销、定价、化大为小、化繁为简。

第二，供应链升级和供应链管理整合能力。我们看到，其实大创发展到现在快 50 年，全世界 5000 多家店，日本 3000 多家店，大部分是直营。它一开始卖尾货，在 20 年前就开始做自有品牌，现在 99%商品都是 OEM。

现在大创有 7 万个 SKU，一般像名创，包括日本的 Seria 只有几千个 SKU。大创是 10 万个/件去给供应链下订单，有的一年产能就直接包下来。想做到低价，对供应链规模效应有极高的要求，必须不断做整合与升级。

第三，时代变革的机会。堂吉诃德在日本 400 多家店，500 多亿日元的销售额，从线下走到今天这个规模，和日本几次经济危机很有大的关系。

在中国，卖极致低价/性价比的货一般是匹配下沉市场的需求，但它什么时候能匹配一二线城市？经济不好的时候，尤其在一线城市处在经济大幅下行的时机点，这种业态会发展特别快。所以，我认为它在中国的势能其实是更大的。

第四，资本的推动。相比日本，中国资本市场更为开放，话语权更重。这些业态其实是很烧钱的，但一般跑起来赚钱之后现金流会很好。日本的百元店、折扣店业态一开始并没有资本助推，大创发展了40多年一共才5000多家店，名创的速度比它快很多。

很多投资人此前基本上在一线城市/国外生活，观察不到低线城市的需求和消费者属性，比较难理解和推演出下一步爆发的机遇。这也就特别需要接地气地深扎到行业里，才能发现这些机会。

Q8：某些消费升级的业态比如便利店，日本已经做得相当成熟，这部分对于中国来说有怎样的借鉴意义？

1. 做赋能者而不是破坏者

除了以上所说的折扣店机会，最近中国零售最火的，其实是生鲜社区店、便利店。便利蜂作为资本青睐的新物种，是大家津津乐道的话题。但我个人觉得，相比于把日本7-ELEVEn的2.0店型/供应链打法直接照搬进来，中国便利店其实有更适合自己的玩法。

从日本7-ELEVEn的发展路径来说，它从美国引进来之后，一开始想做的事情，是怎么把那些被连锁业态打击特别大的线下零售商整合起来并做赋能，也就是S2B2C。

在中国现在也一样，如果说真是要做"便利店"，那首先时间和距离上的便利、商品和服务商的便利前期至少得有一个。

要实现时间和距离上的便利，除了24小时开店，还要做到高密度覆盖。7-ELEVEn一开始就放弃了直营，直接做加盟，现在在日本的直营比例不到5%。

其核心不在于扩张，所以放在中国逻辑应该变成：开店不是用7-ELEVEn的2.0版店型各种降维打击别人，让周围几公里没人能活，而是怎么帮中小零售商转型。

因此，我觉得中国的便利店，要以打造未来新零售基础设施革命者的身份出现，而不是和所有人对抗。中国市场最起码能容纳 100 多万家便利店，现在日本是 5 万多家，所以调整好姿态，空间非常巨大。

对于很多中国的社区零售创业者来说，可能也不需要想那么远，按照 7-ELEVEn 的逻辑发展，是比较健康的。也就是一开始通过赋能形式，把线下零售商团结起来，达到物理上的开店密度，然后在此基础之上，去做 S2B2C，沉淀出更强的中后台能力，服务小 B。

越到后面，你会发现小 B 是什么不重要，小 B 怎么连接 C 也不重要，重要的是你能提供给小 B 什么价值，如何去服务它们。就像 7-ELEVEn 多年发展所沉淀的供配、商品研发、门店管理等模块的能力。

2. 重点要学习的是门店管控方式

现在，中国很多便利店在第一阶段，可能会不断学习模仿，来接近 7-E-LEVEn。这里面重点要学习的是如何做加盟店的管控。相比于国内便利店的管理模式，7-ELEVEn 管控的方向是 OFC。

OFC 相当于社区门店经理，每周会去 7-ELEVEn 的门店看店，然后向总部反映该门店的情况。也就是说，总部对加盟店的控制力度不是很紧，但会为你提供很多经营咨询。其中，核心是把控信息和数据，知道消费者需要什么、想什么，而不是为了控制门店。

所以，对中国区域的便利店来说，第一阶段还是要像 7-ELEVEn 那样做规模化，到第二、第三阶段，很可能不一样。

至于 7-ELEVEn 的 3.0，由于日本经济危机的阴影还在，老龄化和单身化问题特别严重，变成一站式生活服务和情感连接中心，它的定位正在逐步脱离传统零售商。现在中国消费者想要的，并不一定是这些东西，或者可能会是由便利店这种模式来满足。

Q8：如何理解渠道和品牌的关系？

渠道端的上游是消费品，这块在中国现在也正被创业者和资本重点关注，渠道和品牌之间的强弱关系，往往会衍生出不一样的时代机会。

在研究日本时，你会发现它的渠道话语权非常强，提起药妆大家可能第一想到的不是资生堂（品牌），而是松本清（渠道）。因为日本更热衷于口碑营销，相比于品牌，他们更愿意相信渠道。

松本清在30年代发展起来的时候，老板是千叶市市长，通过政府和药品背书，把整个品牌打响了，但松本清的市场宣传费用不到1%，从中你能感觉到日本渠道话语权有多强。

渠道在日本主要起的是信任背书作用，松本清的加盟店要去拿货，基本上是通过松本清的本社跟日本商社去谈，这样才能谈出好价格。

包括日本消费者购物时，也会重点关注你的品牌放在哪个渠道，如果说松本清渠道都觉得这个品牌好，甚至上了COSME大赏，那我就会买你的东西。所以，日本的渠道品牌也做得特别好，像7-ELEVEn的自有品牌占到50%以上，松本清的自有品牌目前做到了全日本的口碑第一。

这种渠道的重要角色在于，它集合了很多优质品牌，同时日本特别重视信用。中国很多渠道本身在信用背书上，做得并不好，很难构建与消费者的长期信任。所以，在中国做渠道品牌，现阶段最重要的还是发力在商品和服务本身。

Q9：线上社交流量平台，有可能出现渠道品牌吗？

在线上，现在很重要的一个渠道是社交电商，这并不意味着它们在渠道品牌这块存在多大优势。社交电商拉人头的模式，很容易让卖货者的关注点从商品转移到模式本身。

比如早期微商选的都是毛利特别高的产品，最上面的人并不关心最底层的人商品体验好不好，只关注从中收多少钱。这和商品服务本身没有太大关系，而且对渠道是有损的，这就不是零售了。

在整个消费升级、信息爆炸的环境里，人们对于新鲜事物、体验差异化的追求欲望会被放大，阈值也会越来越高，注意力和耐心也会越来越缺失。

有个词叫"多重自我"，其实可以解释很多爆红的现象。所以，针对任何一种"多重自我"下的"相同自我"，都可以依靠相应的内容形成一个小的流量岛，岛上会聚集同样人性或者观点的人群。然后在"多重自我"的多样性下，还会不断有新岛出现，一些岛会变得越来越大，一些岛则会消失。

当然，一旦形成这样的岛屿，其实就可以实现商业化。但它不稳定，想要岛上的人不流失，除了要不断有吸引他注意力的东西在，还要制定相应的规则，让人遵守规则，对平台产生黏性和习惯。

你会发现，很多平台一旦规则变了，人就流失了，比如之前的云集。所以，成熟的规则是需要的，而且要通过更重的模式将规则进行匹配和绑定，才不会被颠覆。中国想再造一个京东或淘宝，几乎不大可能。

具体来讲，这些大的电商流量平台，它在打造自己差异化的 S（大的供应链平台），去赋能小 B，最后服务 C。S 长期做下来会是一个很强的壁垒，也是让众多小 B 和 C 依附自己的原因。

现在已经出现了一批足够好、焕发生机的 S 平台，但如果只是单纯玩流量变现，是很难长久的。当然，这不妨碍资本对它们的青睐，爆发性强、回报率高的大家都喜欢。

所以，从某种程度上来说，今天大电商和流量平台的格局差不多确定了，在某些方面不可撼动。除非你所切入的人群、决定你竞争优势的基础设施发生了变化，这个游戏规则才会改变，才会出现新的战场。

Q10：老龄化是中日两国人口发展的必然趋势，这一块日本对于中国的借鉴点在哪里？

面对老龄化社会，"药妆+便利店"模式将成为主流业态。

日本零售过去几十年的发展，有很多价值需要深入挖掘与学习。但它现在本身也在更新迭代，并面临着一些重要的新机会，一是线上线下融合，二是药妆店。

以前，日本药妆店的定位跟便利店很不一样。像松本清一开始就看得很远，在 2000 年之前，他开了七八十间的药妆店（一开始只是药局），只开在关东地区，没有一定密度和基础，不往其他地方走。

松本清认识到，未来老龄化问题在日本会非常严重，所以一开始卖药会有什么好处？

第一是获得资质；第二是有很强的区域垄断性；第三是药品毛利更高，跟其他业态竞争时，药妆店一旦引入食品、熟食等其他品类，可以放弃一部分毛利，比便利店卖得更便宜。

这就导致，虽然现在便利店在点位和一些生活服务上，做得比药妆店好，但药妆店依靠长期积累下来的开店策略，在点位密度上也并不输于便利店。

尤其是老年人对药妆的需求很高，药妆这块便利店卖不了，可我还能卖便利店的各种商品。因此，药妆店正在成为日本线下零售增速最快的业态。

我们会看到，走进社区 3.0 阶段，便利店主打的是生活服务中心，松本清主打的是健康咨询中心，它搞了很多新业态，比如你一进去就可以买药妆，做线上咨询、做体检，让你感觉是一个带健康咨询的生活服务店。而往后，便利店和药妆店这两个业态融合的倾向会越来越强。

目前，药妆店在中国开启还是有很大难度，首先是医药没分离，但是可以做一些非处方药。

现在阿里、腾讯为什么看中屈臣氏这个渠道？是因为中国已经进入了老龄化社会，零售里像药妆类业态、便利店业态处在这个趋势上，同时服务业也会起来，日本进入老龄化社会时期是在 90 年代左右，像松本清这样的渠道在快速增长。

未来打药妆这个品类，会越来越高频、刚需。但我个人认为屈臣氏目前这种业态定位是有些问题的，未来腾讯、阿里如果买下屈臣氏，可以在店型、品类和价格上多做一些调整。

松本清一开始设定的渠道定位，是要做全日本最廉价的药妆店，更平民化，业态更小型化，更贴近于人的生活。

中国零售尤其要学习的，是日本企业家精神

对日本现在来说，它的整个社会发展是齐步走的，同时面临老龄化、能源短缺等问题，所以日本政商界的忧患意识特别强，商业模式是围绕未来 50 年、100 年要解决的问题是什么，要怎么投入来建设下一代基础设施来打造的。

你会发现，往后推 20 年，日本这样一个发展很整齐的国家，它往前跑的速度会越来越快，像 AI、机器人等先进技术的社会渗透率会越来越高。

在中国，新零售的线上线下无缝融合的场景只局限在一线城市某些范围内，放长远来看，要走的路还非常远。

为什么日本有那么多百年企业（2 万余家）？撇开日本市场本身存在一定的封闭性外，其中中国零售企业尤其要学习的，是日本的企业家精神。

还是举大创的例子，它作为一家在日本长期占据百元店市场头名的企业，其实从 90 年代开始就是日本第一，但一直没有上市。

当时大创的创始人说了一句话："我们上市之后除了财报数据公布，净利润会被竞争对手看到之外，还有很重要一点是，我不想让这件事情变成'服务我的任何一个持有我股票的人'，我们是为了服务消费者。"这种特质在于，创始人不是为了短期利益，而是站在特别长远的视角看问题。

其实美国和日本分别代表"放"和"敛"风格在商业中的成功，美国崇尚短平快，快速迭代，日本则选对方向，长期坚守。中国多多少少在风格上更偏向于美国，但我觉得用日本式的"敛"做事 + 美国式的"放"做人可能更匹配中国。

中国以前特别喜欢搞商业小发明，因为可以马上变成钱，但这里面很难生出伟大的东西。伟大的东西，一开始不会有那么强的商业价值，一开始不会被那么多人肯定，日本企业家在这条路上走得特别坚定。

Q11：全渠道 or 出海，中日消费结合的机会是什么？

除了日本零售可以学习借鉴的地方，中日之间发展的差异也在产生一些重要的合作机会。中日当前都处在结构性变革的时机，那日本消费企业现在面临什么问题和机会呢？

第一，做全渠道。日本从 10 年前开始整个社会人口就在减少，这对于任何日本消费企业来说，都是一个很头疼的问题。所以 7-ELEVEn 才想去做全渠道，它的逻辑之一就是虽然服务的消费者可能在减少，但我可以让触点变得更多，来做个抵消。

第二，日本的中小消费品牌出海。日本消费品市场很饱和，渠道话语权很强，新品就比较难出头，但日本有很多做得不错的小品牌，因为研发设计一直是日本的强项。但日本的很多大渠道又看不上，这种品牌其实挺适合出海中国。

所以，中信就和伊藤忠搞了一个产业并购基金，包括像高浪这样的品牌管理公司，做日本品牌+中国市场，其中个护、美妆、保健品比较多，这是比较符合社会趋势的。

值得注意的是，日本很多企业在中国的定位像无印良品，在中国目前这个产业结构变革期是存在问题的。

其定位跟名创优品进入东南亚、南美洲的定位是一样的，由于我的供应链能力、设计能力、商品的性价比可以完胜当地，所以我就完全以一个消费升级的姿态切进去，把毛利做得更高，赚当地消费能力较高的人的钱就可以了。

这几年中国出现一个问题是，被无印良品这类企业训练出的中国供应商能力都变强了。只要有一个像名创这样懂怎么整合供应链的公司做出来，就会对无印良品这种业态构成强大的威胁。所以你会发现，现在无印良品在一二线城市一直在降价。

包括大创在中国开店，选址是有问题的，如开在地下一层，因为大创一开始用的还是在日本的那套选址规则。也就是说，日本企业在中国的定位目前存在较大问题，也看不懂很多中国的尤其是营销层面的玩法，它们渴望转型。

除此之外，中国制造崛起之后，有可能会反攻日本市场，现在不少制造业的品牌已经打入日本市场。但中国品牌在日本市场怎么站住脚，首先你得懂日本消费者需要什么。

目前在日本市场上最有名的中国食品品牌是什么？是四川料理麻婆豆腐、回锅肉等。但他们做的回锅肉味道完全不一样，竟然是酸甜口味的，日本的辣椒起到的作用基本也是着色料的作用，差异很大。

在这一点上，你得特别懂日本人的口味，他们很挑。日本企业做商品的逻辑，也是完全站在消费者视角上。因为日本的零售、餐饮业，在 20 世纪 70 年代就已经从卖方市场转变为买方市场，现在的消费者还是很难伺候的。

所以，进入日本市场，你首先要在商品服务上做得特别好，以匠人精神把细节打磨到极致，这在日本是底线而不是加分项。倒不用在品牌宣传上花很多钱，因为日本口碑宣传的效果往往更好、更有效，一旦有人认可你，基本上门前就会排很长的队伍。

后记　大共创时代

共创之因

之所以要把这篇文章作为本书的后记，一方面是作为对本书的收尾，另一方面是为下一本写中国消费社会演变史作铺垫。

在经历了半个多世纪的人货场的变迁后，日本消费行业的产业格局开始由群雄混战走向两超多强。产业链资源逐渐向头部收敛，本国市场收缩，创新的土壤不再肥沃。随着日本开始加速步入少子老龄化社会，日本消费需求的疲软和下滑已成大势所趋。Omni Channel 算是减缓这一趋势加速的解法，但解决不了根本问题。

市场的局限性使得日本很早就把技术加工型的进出口业务作为经济起飞的核心力量之一。在二战之后，日本的各大综合商社承担起了这一任务的主要职责。宽广的国际视野更容易让人看到商业的机会所在，因此基于各个行业在时间机器上的位置，日本便把自己的资源和能力朝升维市场和降维市场分别输出。伴随着近些年本土需求的萎靡，日本进一步发力进出口业务，从形态上来看，日本已经从单纯的商品贸易上升到了技术、人才、文化和资本的输入和输出。

可能很多人会觉得贸易本身就是做生意，需求供给匹配、流通渠道搭建起来就可以正常运作。但如果匹配到人的具体需求，尤其到了更高、更精细化的层次，直接复制输出国的商品和服务往往是行不通的。但这一方式在输入国的工业化发展以及进入大众消费时代初期阶段却是行之有效的。比如在中国刚对外打开市场的80年代，美国和日本的商品输入很好地解决了民众以更高性价比来获取更高消费效用的难题，如日本70年代流行的三大件——电视、冰箱、洗衣机，在80年代平行渗透到中国的每家每户后，极大地改善了中国人民的生活效率和体验。

但这种自上而下式的产品输出对本地需求的满足只是阶段性的。因为输入国本身是制造加工大国，所以具备着规模化生产和柔性生产的能力。但输入国并非研发大国，所以无法掌控产业链端附加值和利润率最高的环节。在第二产业占据主导地位的时代，纯制造加工型模式会使得企业主及管理人员养成典型的风险厌恶型性格，因为人们已经习惯了用流程化的思维去看待问题，更不愿意冒风险用稳定的低现金流去做投入高、短期回报率低的生意，因此就很难往产业链的上下游进行延伸。

在中国，这样的现象在大量外贸企业家身上非常普遍。一方面，中国早年为了换取更好的投资条件，对外企开放本国市场；另一方面，还让大量制造业企业把生产能力释放给外企，即所谓的"两头在外，大进大出"战略，把原材料端和销售端放到国外，自己只把控生产加工环节。这导致了中国的本土制造业企业普遍缺乏对于本国市场的理解和做To C生意的思维能力以及一系列战略资源的配套。

这使得中国在房地产作为主导部门拉动经济增长，市场进入消费升级的大背景下，供给端水平一直无法达到预期。但融入全球化和互联网产业经济的发展，使得中国一线城市汇集了大量的发展红利，从产业结构上来讲，以上海为例，其第三产业占比在2016年便超过70%，这已经和东京不相上下，同时两大都市的城镇化水平近年也都达到了90%附近的水准。因此这是一个容量质量兼备但本地竞争相对弱的市场。因此2001年年底，随着中国加入WTO，众多海外品牌开始大举进入中国。以服装行业为例，2002年优衣库进入中国，随后MUJI、ZARA、H&M等纷纷跟上，对当时尚未在一线城市站稳脚跟的本土品牌比如森马、雅戈尔、杉杉等造成了不小的冲击，这种危机感也迫使众多国内服装品牌开始转型。比如杉杉股份在 1999 年（上市后第三年）便直接从裁缝摇身一变成了新能源材料供应商，从生产新能源电池到布局新能源车整车制造，其原主营业务服装业务已被边缘化。

海外品牌的进入带来了供给端的跳跃式升级，使得原本处在由卖方市场和买方市场转折点的一线城市消费市场再次回到了卖方市场阶段，而其他国内品牌随着二线及以下城市的升级开始下沉。受制于高举高打的品牌定位，海外品牌并不会做出自发性的下沉渗透战略，于是形成了当下的对峙形态。在其后相当长的时间里，一线城市都处在被海外大牌引领和定义的地位，这是一种在产品研发设计、渠道模式等各个方面对于本土品牌的大幅度领先。

但这一格局并非牢不可破。海外品牌虽然装备技术精良但不会把中国市场当成其品牌打造的大本营，相反，大部分会把中国当成一个庞大的出货主阵地。所以，除去那些具备高保值属性的奢侈品，其他大部分具备一定品牌溢价的品牌都会面临着消费者低忠诚度的风险。一旦市场发生变化，海外品牌在产品和营销上的慢应变能力会给本土品牌较长的竞争窗口期。从品类上来讲，机会点大多会出现在已经实现了原料、研发、设计、生产、包装的本地一体化的品类，但难点在于大部分国内供应链的服务方——海外品牌的创意中心和研发设计中心都只放在本国而非产地，虽然元素上会借鉴全球，但品牌核心文化和战略的生成以及辐射通常由总部来完成。长期下来，即使本土供应链端基础扎实，但也很难把人货场跑成闭环，大部分人会觉得自己离真正的需求市场相当遥远，即使产业链上只有一环之隔。

在中美贸易战开打，中国制造业成本升高的背景下，"两头在外，大进大出"的中国制造业企业被迫转型，曾经专攻外贸的产能只能倾销国内市场。同时，经济下行使得中国一线城市消费者在观念上发生变化，简约理性、审美升级、性价比等开始被人们重视。于是，在 21 世纪前 10 年，我们看到了中国这部分供应链产能和上述需求的正式碰撞——C2M（Customer to

Manufactory）模式的出现，这种模式还可以被分为平台型 C2M 和渠道品牌型 C2M。平台型 C2M 几乎不具备任何商品品牌溢价能力，最短流通价值链和最低加价倍数是其核心，类似于尾货折扣店的定位，1688 网、拼多多都是此种类型；而渠道品牌型 C2M 则是把品牌的性质赋予渠道，让渠道以及渠道内的商品拥有相应的调性和主张，于是创意设计、研发、营销等平台型 C2M 不会涉及的价值链就需要参与进来。但要注意的是，为了尽可能地降低供应链成本，往往会选择已经形成中上游资源本地一体化的品类，比如彩妆、玩具、饰品等，或者设计研发模仿门槛较低的品类，比如服装、家居用品等，然后抓住海外品牌定位出现偏差且反应慢的漏洞，把本土化的渠道营销发挥到极致。名创优品和完美日记便是如此。

2018 年拼多多的上市和 2020 年名创优品的上市，证明了 C2M 模式在国内的成功。这两者虽然在吃中国经济下行的红利，但都努力朝消费升级的方向去转型。所以它们主张的极致低价和极致性价比消费更多是满足了此前未被发掘的存量需求空白，而非在主动创造具有发展空间的需求增量。不过从长期来看，随着中国供给侧改革如火如荼地进行，以及中国乡村目前依然还具备危机蓄水池的功能，中国出现像日本 90 年代经济崩盘的概率很低，所以从粗放扩张转向精益运营，从产能过剩转向高质量发展，以及消费升级会成为未来发展大趋势。

那么，问题又来了。如果再回到消费升级战场，本土品牌又会面对曾经的老对手——海外大牌，它们的优势在哪里？对本土消费者的深度洞察是其一，对本地化渠道营销方法吃得更透是其二，对原材料、研发和设计没有苛刻要求的本地供应链的灵活运用是其三。但这些优势可以领先多久？第一点可以保持，原因在于本土品牌具备更强的市场下潜能力；第二点优势在慢慢缩小，因为中国新渠道尤其是线上的流量红利和规则红利在慢慢消失（尤其在抖音和快手的电商格局稳定之后）；第三点可以保持，但难以在未来发挥决定性作用，因为消费升级对品牌的设计研发提出了质量和持续性必须兼备的要求，质量低，产能再柔性也无法在中高端市场进行释放。

那海外大牌的优势在哪里？首先是系统性的品牌方法论。其次是围绕着品牌文化和战略所配套的全球化产业链资源的积累，尤其是原材料和研发的资源，比如此前所提到的明治乳业，在乳酸菌研发培养领域深耕 60 余年，基本可以提供满足多个消费场景的产品解决方案。但长期来看，海外大牌的第一点优势在慢慢缩小，因为品牌的最优战术会随着人货场的结构性变化而发生改变，变化越多，善应变者的先发优势越大。以销售渠道为例，在众多本土品牌已经把直播电商玩转得炉火纯青时，海外大牌依然把线上综合类电商平台比如天猫、京东当成主阵地，自然也就失去了很多新品类的渠道先发优势。然而，海外大牌的第二点优势却壁垒越来越深。

所以，如果只依靠单打独斗，无论是本土品牌还是海外品牌都无法在消费升级趋势中大获全胜。但有意思的是，正是因为此前市场定位的差异，这两者在中国这个规模数一数二的市场中形成了两种非常互补的能力。所以，能力互融貌似成了最好解法，可这也是最难的地方。因为一个成功的品牌往往对应着一个世界观，如果这种融合是由品牌发起而不是产业中的其他参与者，那么两个世界观迥异的品牌是难以相互赋能的，山东如意和 Renown 的融合失败便证明了这一点。那是否会存在其他实现路径？答案是存在的。因为品牌的价值链相当长，涉及众多产业分工，很少有品牌方可以做到对全产业链拥有极强的话语权与控制力，因此虽然品牌层面难以融合，但是组成品牌的那些独立的要素是可以融合的。这也是理论上共创思想能够成立的前提。

共创之局

如何共创是一门很深的学问。品牌设立的通用性思想依然发挥一定作用，但在共创情景下模式会复杂很多。比如很多环节需要的方法论和资源都散落在了不同地域和不同的时代，所以如何准确地找到它们非常重要。再比如最优解的设计，和对跨地域和时代的资源的连接整合，难度都大大超越了传统品牌模式。

在展开分析共创模式之前，先讲一个目前很多本土品牌并未注重但却很重要的点——品牌世界观塑造。世界观是品牌之魂，这一点在传统的品牌方法论中一直被强调，但大多数本土品牌却把它做得过于粗糙。其实世界上有很多把世界观塑造做得非常成功的领域，比如宗教、小说等。

很多人说一个成功的品牌和宗教非常相似，因为宗教和品牌一样，有一套自洽亲和的世界观，在物质世界和精神世界直接来回穿梭，倡导人追求幸福和解脱。从形态上看，宗教比品牌要更具备穿越时间周期的特性，信徒比品牌的私域更为忠诚，组织文化比品牌更加牢固。因此从商业角度来看，宗教的形态更像是品牌的进阶版。

那这样的体系是如何构建起来的？第一步，世界观主题设定。一般地，这个主题都是围绕着追求更深层次的生理和心理的健康和愉悦，并摆脱现实世界中无法让人克服，甚至无法让人理解接受的烦恼和痛苦而设定的。第二步，特征性事物填充，并设定逻辑，让这些事物能够围绕主题并按照已设定好的逻辑进行交互。当然，这个虚拟世界的逻辑形式应主要依从于现实世界，也可以独创，可以参考 8:2 的占比，20%的逻辑独创部分主要作用于当下自然科学领域中无法被证明的事实，需要和 80%的现实逻辑部分有一个巧妙的嫁接，类似于在现实世界做到××或者秉持某一信念直至××，就能够获得某种极好的体验。这样，人们就可以在这个虚拟的世界获得更强烈的情感共鸣。第三步，把第一步和第二步中的一部分内容超预期地现实化，并在现实世界中组织行为活动，来让两者进行高频多段的映射关联。第四步，形成私域组织，制定组织规则，不断重复，最终形成信仰文化。

从大体方向上来讲，品牌世界观的构成方式和宗教无大差异。但有一点需要注意的是，以共创为底层思想的品牌是不能像宗教那般去说服人们相信那些超现实的逻辑的。因为共创本身必须能给消费者和品牌共创伙伴同时带来满足，如果承诺是超现实的，则很有可能变成庞氏骗局。

世界观构建完毕后，我们再回到品牌的共创方法论上。在后记部分，我们会针对"最优解的设计，和对跨地域和时代的资源的连接整合"部分稍作展开，更详细的战术解法，以及对于中国市场的应用会着重放在下一本书中。

最优解的设计，最终目的是要实现品牌在价格和效用体验两个方面的极大提升，要求共创主导者清楚品牌的各个构成要素，在各个市场不同的发展阶段的性价比，并给出当前市场的要素最优组合方式。比如，以某一款功能性护肤品品牌为例，其原料、配方以及生产的核心技术往往掌握在升维市场，品牌可以选择走内循环的自我研发路线，但会产生大量的时间和研发投入成本，因此和升维市场的技术持有者共创合作是更为明智的选择；成品制成后的大规模量产，非常依赖供应链的规模化能力和柔性能力，升维市场的供应链受制于本国市场需求和高人力成本的限制（尤其是包装和灌装环节），往往在这些方面性价比较低，因此产品的生产、灌装、贴标等会通过运回本地市场的形式来完成；此后的渠道营销环节，升维市场渠道结构相对固化，拥有更强的话语权和背书能力，因此选择升维市场的渠道背书，如进驻松本清渠道、上榜 COSME 头部排名，可以降低在本地市场的心智占领难度，从而节省大量的营销费用；最后，因为品牌的销售渠道定位在低维的市场，则可以设定更高的毛利，用相对高的性价比，和升维市场整条品牌产业链的背书高举高打，轻松在和本地品牌的竞争中获得胜利。

模式上的最优解设定完成后，下一步主导共创的创始人需要让这些要素按照设定进行连接重组，这里涉及跨海的资源调配整合，从上游延伸到下游，是一个执行层面难度很大的事情。

其实资源调配并不难，只是加了跨海两个字。跨海的资源调配前期一定需要贸易的打通，让商社来承担三流（信息流、商品流、资金流）的输入/输出，不然后面会出现一系列，如战略、资金、人才、管理等方面的大问题。以信息流打通为例，往往一边的真实信息对于了另一边而言都是难以获取的。原因在于大部分人都会先入为主地以本地市场的思维方式去推演对方的行动，这种方式可以用在两个意识形态相似的市场，但这样的情况相对少见。在日本，它的商业意识形态存在着"敛"与"放"两个极端，而中国则更偏中庸一点，所以中国商人即使再懂行业，也很难理解为什么对于产品的执着和对于渠道的激进这两种特征会同时存在于同一家日本企业身上。所以，为了让共创得以成功实现，具备双边元认知的商社是不可或缺的角色。目前高维市场对低维市场的单边贸易已经很成熟，如日本已经有伊藤忠这般深扎中国的商社，能够深扎日本的中国商社虽然目前尚未出现，但时代的发展已开始逐渐利好中国。

以中日消费品产业为例，从目前双边资产的稀缺性及双边的需求来看，虽然日本在产品研发端本身就具备较大领先优势及一定稀缺性，但日本本地市场的需求已经出现萎缩，高龄少子化愈加严重，使得大量优质产能（尤其是手握黑科技的中小供应链）在日本国内释放无门。ICT 技术投资的萎靡以及 GAFA 在日本的独占，使得日本没有出现中国这般基础设施翻天覆地的变化，场的结构固化之后，新品牌的机会越来越少，供应链的活力和创新动力自然就逐渐减弱。因此，寻找到一个快速攀升的低维市场释放产能，是他们为数不多的生存路径之一。而对于很多中国消费品企业来讲，这是一个很好的低价拿到对方稀缺性资源并主导整个共创的机会。

此外，合作机制设计的核心理念依然要围绕"三方互益"原则。当然，基于战术层面的考量，很可能在大部分情况下是实现不了各个环节的"三方互益"的，但即使其中有一两个环节需要牺牲部分合作伙伴的利益，但整体是一定要实现"三方互益"的。

共创之人

那么，什么样的人可以成为共创主导之人？我先总结了以下两点：

1. 可跨界、可跨代

跨界在共创模式中始终是一个很核心的能力，快速学习和同理心对于形成这一能力至关重要。快速学习是为了能够迅速建立起基于对方市场视角的元认知，从而迅速判断对方的能力及资源的稀缺性；而同理心则是作为执行的润滑剂，为促成此后的连接整合做准备。因为这个能力在其他领域也常被提到，就不过多展开。此处我想多谈一下"跨代"的能力。

跨代能力对于当下中国的消费品行业发展至关重要，因为当下行业持有资源之人和有可能释放资源红利之人往往并不存在代际上的交集。比如现有电商渠道平台以及其他互联网巨头的掌门人多为"60后""70后"（阿里的马云、腾讯的马化腾、京东的刘强东、百度的李彦宏等），他们在20多岁大学毕业之际赶上了90年代互联网发展红利，随后而来的"80后"于2010年代步入职场，一部分进入上述朝阳行业和企业中担任要职，一部分闯入移动互联网创业大潮（美团的王兴、字节跳动的张一鸣、快手的宿华等），还有一部分开始切入存量市场（拼多多的黄峥）。随着"90后"也开始进入而立之年，毕业生也开始批量进入互联网＆移动互联网行业，但此时公司尚有红利的坑位已相当稀缺，大部分高潜人才都被送去做了高风险的创新业务，难以出头。随着当下线上流量增长见顶，电商渠道红利也开始慢慢消失，大量沉淀在互联网公司的"80后""90后"流量操盘手开始从渠道领域转入品牌领域，他们借助"快抖"的东风，用最新的方法论带动了一拨又一拨中小品牌的崛起。但全渠道时代的到来，曾经受电商冲击的线下渠道开始焕发第二春，受制于经历缺失所带来的线下认知和资源的局限，以及线上认知和资源的稀缺性减弱，上述"80后""90后"品牌创始人在全渠道时代的持续爆发普遍面临着巨大挑战，而跨代际的融合为唯一解法，并且这一现象在进行跨海的品牌共创时会更为常见。

2. 可企、可投

品牌的共创，本质上是一种由极强的认知来主导的资源整合，它的上限也是由这两者的上限所决定。所以，从这个角度看它和投资是比较相似的，比如过程中需要不断地用认知差来低价获取有高溢价潜力的资源，并通过合理的资源（portfolio）组合进一步放大这一溢价。但也有不一样的地方，比如投资更看重的是自上而下地去拆解和推演事物发展的能力，但品牌的共创却又要求主导人也能自下向上地去看待问题，同时也需要主导人参与到业务中来，因此执行力和管理能力等企业家的通用能力也是必要的。所以，不同于一般创业公司的打法，共创模式的起盘是比较高的，主导人需要同时具备企和投的双重能力。

但从我目前接触的国内在尝试这种模式的公司来看，往往后面做得越成功的公司在早期越不会被大部分人所理解和看好。原因在于共创的模式起盘虽高，但资源很有可能并不是全本地化布置，所以其背后的资源估价逻辑也会不同。仅这一点，就已经足以成为创和投双边的壁垒。

图书在版编目（CIP）数据

新消费时代. Ⅰ，摸着日本过河／房家毅 著. —北京：东方出版社，
2021. 8
ISBN 978-7-5207-2260-5

Ⅰ.①新… Ⅱ.①房… Ⅲ.①消费品工业—工业发展—研究—日本
Ⅳ.①F431. 368

中国版本图书馆 CIP 数据核字（2021）第 124111 号

新消费时代 1：摸着日本过河

（XIN XIAOFEI SHIDAI 1：MOZHE RIBEN GUOHE）

作　　者：房家毅
责任编辑：申　浩
出　　版：东方出版社
发　　行：人民东方出版传媒有限公司
地　　址：北京市西城区北三环中路 6 号
邮　　编：100120
印　　刷：北京文昌阁彩色印刷有限责任公司
版　　次：2021 年 8 月第 1 版
印　　次：2021 年 8 月第 1 次印刷
开　　本：710 毫米×1000 毫米　1/16
印　　张：15. 25
字　　数：140 千字
书　　号：ISBN 978-7-5207-2260-5
定　　价：68. 00 元
发行电话：(010) 85924663　85924644　85924641